高等教育管理与实践应用

杨崇崇　著

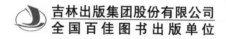

吉林出版集团股份有限公司
全国百佳图书出版单位

图书在版编目（ＣＩＰ）数据

高等教育管理与实践应用 / 杨崇崇著. -- 长春：
吉林出版集团股份有限公司，2022.9
ISBN 978-7-5731-2303-9

Ⅰ.①高… Ⅱ.①杨… Ⅲ.①高等教育－教育管理－
研究 Ⅳ.①G640

中国版本图书馆CIP数据核字(2022)第175839号

GAODENG JIAOYU GUANLI YU SHIJIAN YINGYONG

高等教育管理与实践应用

著　　者	杨崇崇	
责任编辑	杨　爽	
装帧设计	肖慧娟	

出　　版	吉林出版集团股份有限公司	
发　　行	吉林出版集团社科图书有限公司	
地　　址	吉林省长春市南关区福祉大路5788号　邮编：130118	
印　　刷	唐山富达印务有限公司	
电　　话	0431-81629711（总编办）	
抖 音 号	吉林出版集团社科图书有限公司 37009026326	

开　　本	787 mm×1092 mm　1 / 16
印　　张	10.25
字　　数	150 千
版　　次	2023 年 1 月第 1 版
印　　次	2023 年 1 月第 1 次印刷

书　　号	ISBN 978-7-5731-2303-9
定　　价	50.00 元

如有印装质量问题，请与市场营销中心联系调换。0431-81629729

前　言

　　高等教育发展水平是一个国家发展水平和发展潜力的重要标志。高等教育管理研究指导着我国高等教育管理实践,其研究成果为我国高等教育的发展提供了理论指导和实践指南,也决定了我国高等教育发展的水平。21 世纪以来,创新型国家建设与和谐社会目标的确立,为我国高等教育发展提供了新的机遇,高等教育管理也面临着前所未有的挑战。所以,转变高等教育管理方式、建立新的管理模式、研究新时期高等教育管理与实践具有重要的理论与现实意义,是我国高等教育在未来谋求长足发展的必由之路。

　　本书以高等教育为研究对象,首先对高等教育教学管理的概念、本质、属性和特点进行了概述,继而介绍了高等教育管理的规划与组织、控制与协调功能,梳理了高校教育大学生行为管理、群体组织管理、安全和资助管理的相关内容,研究了我国高等教育管理体制的创新策略,阐述了高等学校人力资源管理的制度及其理论基础,最后对我国高等教育教学创新实践进行了深入剖析。笔者希望通过本书能够为读者在高等教育管理与实践应用方面提供一定的帮助。

　　在本书写作过程中,笔者参阅了大量的相关文献资料,在此,谨向其作者深表谢忱。

　　由于水平有限,本书的疏漏和缺点在所难免,恳请广大读者批评指正。

杨崇崇

2022 年 4 月

目　录

第一章　高等教育管理的概述

第一节　高等教育管理的基本概念

一、管理的概念

管理一般是指在特定的环境下，对组织所拥有的资源进行有效的计划、组织、领导和控制，以便完成既定的组织目标的过程。

这一含义包括以下三个方面的内容：

（一）管理是为实现组织目标服务的

管理是为实现组织目标服务的，是一个有意识的、有目的的活动过程。管理是任何组织不可或缺的，但绝不是孤立存在的。只要有组织及其活动，就存在管理活动。就管理本身而言，管理不具有自己的目标，不存在为管理而管理，没有活动也就不存在管理问题，管理依附于活动而存在，组织活动的目标就是管理的目标，而管理是服务于组织目标的。

（二）管理活动是一系列资源要素

管理活动是通过一系列相互关联的资源要素开展的。管理工作就是要综合运用组织中的各种资源要素，通过计划、组织、控制等来实现组织目标，达到活动的目的和效果，这就成为管理的基本职能。

（三）管理活动有自己的规律

从管理本身来讲，管理活动应该按照自己的规律进行，但是在现实中，管理活动中的资源并不是孤立存在的，而是在一定环境条件下相互联系的，管理是一种社会活动，有效的管理必须充分考虑组织的特定环境。

"一般管理理论"最早诞生于法国。当泰勒及其追随者正在美国研究生产作业现场的科学管理原理和方法的时候，大西洋彼岸的法国已经诞生了组织管理的理论，被后人称为"一般管理理论"或者"组织管理理论"。与泰勒主要研究基层作业的管理理论不同的是，"一般管理理论"是站在高层管理者的角度研究组织管理问题，在此基础上，很快形成了许多现代管理的经典的理论和理论体系。根据研究管理的对象不同，可分为广义的管理和狭义的管理。广义的管理是针对大自然中万事万物的管理，狭义的管理只是针对某项具体活动，以及这些活动中的资源所进行的计划、组织、领导、控制。一般而言，我们研究的管理是指狭义的管理，即组织管理、行为管理和活动管理。活动的结果，实际上是人的能动性的结果，管理的实质是人，是对管理者与被管理者之间发生的矛盾的解决。管理是管理者、被管理者、第三方形成的活动。

现代管理一般可以从多个方面来进行划分。一是从活动的规模与大小划分，可以分为宏观管理和微观管理；二是从具体的活动内容划分，可以分为综合管理和专项管理。另外，从管理的形式上划分，又可以分为紧密管理和松散管理。当然，这些区分也只是相对的。

二、管理的基本理论

管理的基本理论有很多，特别是随着现代社会的发展，人们的认识水平不断提高，社会活动不断丰富，社会财富与利益驱动机制更加强烈，新的管理理论不断创新、不断发展。而系统管理理论、人本管理理论、目标管理理论、标准化管理理论、组织管理理论、模糊管理理论、混合管理理论等只是众多管理理论中的一部分，它们既是管理的理论，也是管理的思想和方法。

（一）系统管理理论

系统管理理论指出，管理的任务就是协调系统中的各个子系统以及系统要素，以保持系统的动态平衡，取得系统的最佳运行效果。这种管理理论及其方法的核心是把管理作为一个整体系统，系统要素就是人、物、活动及项目。这种管理理论和方法一般应用于建设工程、大型活动（内容复杂、组织规模大、投入量大、长时间与长周期的活动）较为合适，当然，这些只是相对的，因为大和小本身就是相对的。

（二）人本管理理论

人本管理理论和方法是以人为中心的管理。这种管理理论与方法是最难做好的，如果把握不好，甚至可能会出现偏颇。有效的人本管理实质上是人的权力的利用和利益的分配，在这一过程中，既要尊重人，又要让人的潜能充分发挥，有时往往存在一个两难的情况。以人为本的管理目的就是发掘人的最大潜能，这种潜能并不完全是指被管理者的，同时也包括管理者的，管理者的潜能是工作的积极性和表现出来的工作效益，被管理者的潜能是管理者的思想和艺术施加结果的体现，二者结合才能达到管理的最大效果。人本管理理论虽然是一个出现相对比较早的管理理论，但是在实践中成熟应用的并不是太多。究其原因，传统的、单纯的人本管理理论特别强调管理的"人"的素质，低素质的人是无法较好地运用人本管理理论的。如一个管不好自己的人同样也管理不好别人，更不用说有效地运用人本管理理论。不过，现代的人本管理理论加入了新的元素，在人本管理中加入制度管理，形成一种新的意义上的人本管理理论，是现代人本管理理论的发展。

（三）目标管理理论

目标管理理论和方法是一种与利益相关联的刚性管理模式。这种管理理论和方法实际上与价值理论密切相关，甚至可以说是以价值理论为基础的。目标管理要有一个预先设置的价值目标，然后以这种价值目标的实现为核心展开管理活动。价值目标的认同是关键，是目标管理的前提。价值目标的确立是十分重要的，目标管理理论强调组织目标的制定要得到所有组织成员的认同，没有认同感的组织目标是不切实际的目标，也是难以实现的组织目标。有人说目标管理只注重结果，这是错误的，最新的目标管理理论不仅注重管理活动的开始和结束，除了最先确定价值目标、最终对完成价值目标的检验结果外，还对过程实施严格监督，让管理者与被管理者通过共同努力，一步一步向既定目标靠近。实现以价值目标为中心而组织的目标管理活动，是一种刚性的量化管理，因此执行也是刚性的。目标管理理论除了注重价值目标外，具体的应用还有一个公平理论问题，这是由目标管理理论的刚性决定的。

（四）标准化管理理论

这种管理理论和方法是在专业化管理的基础上，由管理者组织专家制定管理的标准，通过一定的法律法规制度、程序予以确定。这种管理的思想十分明确，最朴素的道理就是"没有规矩，不成方圆"。标准化管理虽然是组织和专家行为，但标准并不是武断的，既要有权威性，又要有社会基础和群众基础，通过科学的过程来制定。在这一过程中有两个十分重要的环节，一个是标准的制定，另一个是标准的执行。第二个环节是标准化管理的要害，有时候还是成败的关键。在管理活动中，有了标准不好好地执行，或者执行不力，必将导致标准化管理的失败。当然，这不是标准化本身的问题，而是标准化管理的实践问题。

（五）组织管理理论

组织管理理论和方法的实质是最高决策层通过设置管理的各级组织，规定各级组织的职能，通过领导核心、组织授权、组织实施等进行的管理。组织管理的重点是组织结构的设计，关键是组织职能的授权。组织管理理论要求，管理要有严密的组织结构，要有明确的组织目标和组织功能，同时，要有一套有效的组织运作机制，否则，再好的科学组织，再完善的组织功能，没有好的运作机制就不可能"活"起来，甚至导致组织管理活动不能有效地开展。

（六）模糊管理理论

这是一种现代的管理思想和方法，特别是在软管理方面，运用模糊数学的管理思想与技术进行管理。这是一种在高层次人群中实施的行为管理，是一种软性管理。简单管理没有必要运用模糊管理，它一般是在复杂的、庞大的、中长周期的、高智商的管理活动中实施。

实际上，我们通常的组织活动中，特别是比较大的组织系统中，运用得比较多的是混合管理模式。混合管理是多种管理思想和方法的组合，在规模较大的大型组织中，管理内容比较复杂，头绪又多，多种活动项目的性质差距较大，运用某一种方式来进行统一管理往往是不可能的，这就需要运用混合管理的方式来完成。

三、高等教育管理概念

从教育管理的层面上讲，高等教育是指高等学校这一特殊的层面上的教育，是中等教育基础之上的教育。

高等教育管理是根据高等教育的目的和发展规律，调配高等教育资源，调节高等教育系统内外的各种关系，进行有效的计划、组织、领导和控制，以达到既定的高等教育系统目标的过程。

从管理的分类上划分，可以分为宏观高等教育管理和微观高等教育管理；从管理的内容上划分，可以分为宏观高等教育管理中的战略规划管理、宏观调控管理，微观高等教育管理中的教育组织内部的具体的教育管理活动。

从定义分析，高等教育管理具有下述三层含义：

（一）高等教育管理的依据

高等教育管理的概念首先指明了高等教育管理活动的依据是高等教育的目

的和发展规律。高等教育的目的是为社会提供各级各类的高级专门人才。高等教育在类别上分为普通高等教育、成人高等教育；在性质上分为公办高等教育、民办高等教育；在层次上分为专科教育、本科教育、研究生教育。这些教育的目的和目标是管理的根本依据。高等教育受到学生身心发展的影响，通过德育、智育、体育、美育等过程，培养全面发展的人，只有把人作为社会关系的总和来看待，才能对人的发展有全面的理解。因此，各级各类教育过程都有其自身的客观内在规律，只有正确认识它们，才能实施科学的管理。高等教育受到一定的社会经济、文化影响，并为经济、文化的发展服务。因此，生产力和科学技术的发展水平，社会的制度、文化传统都对高等教育活动产生影响。无论是国家宏观的高等教育发展政策的制定，还是高等学校培养人的过程，都必须遵循高等教育的目的和高等教育发展的客观规律，这也是高等教育管理的出发点。

（二）高等教育管理的任务

高等教育管理的概念指出了高等教育管理的任务，即有意识地调节高等教育系统内外各种关系和高等教育资源，以适应高等教育系统发展的客观规律。从一个国家或者地区来讲，高等教育系统是国家或者地区社会系统中的一个子系统；从高等教育组织系统来讲，高等学校也是一个社会子系统。由于系统中存在多种矛盾，因此，高等教育管理的任务就是协调并最终解决系统中存在的矛盾。在高等教育管理中，管理者要用系统论的眼光来设计高等教育的整体和各部分之间、要素与要素之间、学校系统与外部环境之间、学校系统内部的子系统之间的相互关系，树立整体的观念，并通过有效的管理实现系统要素之间的整体优化。

（三）高等教育管理的目的

高等教育管理的概念指明了高等教育管理的结果是不断促成高等教育系统

目标的实现。高等教育管理的目的最终也只是高等教育目的的辅助性（工具性）目的。在高等教育系统中，培养人是高等教育的根本目的，高等教育系统的一切工作（包括管理工作）都必须围绕这一目的展开。对高等教育系统中各种关系和资源的协调构成了高等教育管理的目的，即通过有效的管理，确保高等教育实质性目的的实现。因此，高等教育管理最终也只是手段。高等教育管理有其自身的需要和目的，如效率就是管理的目的之一，但它是通过有效的管理来保证高等教育目的有效实现的。

综上所述，无论是宏观的高等教育管理，还是微观的高等教育管理，依据的都是国家的教育方针，组织的发展目标，活动的游戏规则，高等教育的基本规律，社会经济、文化的发展背景与环境，通过立法、行政、经济、市场等手段进行协调和控制，保证高等教育人才培养质量、推动科学文化知识创新、促进社会进步等目标的实现，最终实现高等教育的可持续发展。

第二节　高等教育管理的本质

一、高等教育管理的行为

（一）管理行为

管理活动中的行为具有特殊的表现形式，它是管理过程和效果的具体体现，过程和效果反映了管理活动的基本特征。要认识管理的过程及效果，首先必须分析管理行为，以及这些行为与效果之间的关系。

管理方格理论是由罗伯特和穆登提出来的。基于人们对主管人员的要求，即不仅要关心生产而且要关心人的重要意义，他们巧妙地设计了一个方格图以表示这种"关心"。

他们把这种方格图作为训练主管人员和明确各种领导方式之间不同组合的

手段。这种方格有两个维度，横向维度是"对生产的关心"，纵向维度是"对人的关心"。

"对生产的关心"一般认为是对工作所持的态度，如政策决定的质量、程序与过程、研究的创造性、职能人员的服务质量、工作效率以及产品质量等。"对人的关心"也包括许多因素，如个人对实现目标所承担的责任、保持下属的自尊、建立在信任而非顺从基础上的职责、保持良好的工作环境以及具有满意的人际关系等。

（二）行为类型

在教育行政管理中，有学者将管理内容分为两类：一是创建组织机构的行为（为了实现组织的目标），二是体贴关心下属的行为。创建组织机构的行为是指领导者在描述自己与集体成员之间的关系时，致力于建立被充分限定的组织类型、建立信息交流渠道以及具体实施过程中的所作所为。它主要包括领导者为实现组织目标而与下属的各种相互作用：让下属了解自己的意图和态度；与下属一起实验或实施自己的新想法和新计划；安排下属完成某些特定的任务；对工作进行检查和评价；制定推行标准、制度和规范；促进下属之间的相互合作；等等。体贴关心下属的行为是指领导者在与下属的相互关系中表示友谊、相互信任和尊重、温暖、支持、帮助以及合作的行为。它主要包括理解与支持下属；倾听下属的意见；关心下属的个人利益；与下属讨论问题，让他们参与组织计划；平等公正地对待下属；乐意进行改革；及时将下属的建议付诸实施；等等。

（三）高等教育管理中的领导行为

高等教育管理中的领导行为是一种主要的管理行为。这种管理行为可以分为两类：创建组织机构的行为和体贴关心下属的行为。高等教育的领导行为针对的组织系统、组织目标、组织成员、人际关系等都有特殊性，与其他许多社会系统有所不同。比如，高等学校管理中，领导者要全力完成教学与科研任务，两者又以人才的培养为核心。但是要做好教学与科研工作，领导者必须抓好相关的后勤工作，从各方面关心支持一线教学、科研人员。这就是上面所讲的两类领导行为。从理论上讲，领导者可以调整自己的行为，以适应某一特定的环境和任务。在实践中，领导者不能、也不应该只关注某一类行为，而应当根据具体情况采取相应的领导行为。领导艺术是帮助领导者取得成功的必要条件。在宏观高等教育管理中，国家和地方政府对高等教育组织，即高等学校的管理，其中之一就是规范高等教育组织中领导的办学行为，即按照国家的政策规范办学，并办出各自学校的特色。这既矛盾，又统一，两者最终的目标是一致的。具体地讲，在完成高等教育目标的过程中，各级领导者为实现目标而履行领导职责时，关注的行为领域主要有下述几种：

➤➤ 1. 行政领导者的行为

它主要包括各级领导者或管理者作为负责人行使领导职责时的行为。领导者的职责就是对目标的实现或目标的改变所需的集体活动进行激励、协调与指导。一般来说，到了高等教育组织这一层面，组织领导者的行为要对高等教育主管部门负责。各高等教育组织的领导围绕高等教育系统目标进行的活动，在形式和内容上各有特色，即使是同一专业、同一课程的教学活动，各校之间也不是完全一样的。再加上由于各校的教师、学生在知识水平、能力结构、兴趣爱好、心理需要以及性格特征、校园文化等方面存在明显的差异，各高校领导者为完成组织目标而行使领导职责时，所面临的环境条件各不相同，采取的领导行为也是不同的。

➤➤ 2. 组织集体中的领导行为

这是指高等教育系统中的各级领导者要为组织目标的顺利实现创造各种各样的条件。对于组织目标的顺利实现而言，领导者行为的作用可分为直接作用和间接作用。其直接作用包括：创建专门的组织机构和程序，指定专门人选负责完成某项或某方面工作，对下属的工作进行检查与督促，聘请某一方面的专家能人等。其间接作用包括：不直接参与各类具体的计划，但对计划的制订以及实施过程施以不同影响。例如，各级政府中的教育行政领导并不直接参与每所高校具体的教学和科研工作，但必须对"高校"办学思想、培养人才的方向、规格、基本途径等进行指导；大学校长并不一定过问某一门课程或某一堂课的具体教学活动及其效果，但他必定影响某个院（系）以及教务部门在课程安排上的指导思想，影响该院（系）的课程计划或课程体系的目标，从而对各门课的教学活动及其效果产生一定的影响。组织集体中的领导行为有时候是无形的，有时候起直接作用，或者干扰性作用，因为领导的影响行为具有权威性。所以，领导行为应该是分层的、积极的、适度的、有效的。所谓分层，就是指各级领导行为是有区别的，上一级领导行为不能做下一级领导行为的事，否则就是越级行为。领导行为的积极性是指领导的行为对于组织的作用是正面的，不能产生负面影响，否则，领导的行为肯定是错误的。领导的行为都必须有一个度，超过了这个度，则可能适得其反。有效的领导行为对管理活动产生好的影响，有效的管理领导行为是与管理活动的结果相辅相成的，有效与否由结果来检验。

二、高等教育管理的本质

相对于其他社会系统，高等教育系统有其独特的活动主体和活动目标，这就使高等教育管理同其他社会系统的管理区别开来，表现出它的特殊性。高等教育的总目标是：培养高级专门人才和发展科学技术文化，并与社会经济发展的需要相适应。高等教育管理活动就是要在总目标的指导下，通过制度和机制协调高等教育系统的战略规划、资源调配。高等教育管理的本质就是解决高等教育系统有限资源的投入与高效益地实现高等教育总目标之间的矛盾。

无论多么复杂，高等教育系统都必然要求各子系统在目标上协调一致，也要求每个子系统的目标与自己内部的组织成员的个体目标相互协调。更重要的是，每个系统的目标与实现这些目标的条件之间要相互协调，这就形成了管理活动的整体性和普遍性。协调就是蕴涵于各个子系统之间，对各个子系统的目标设计、资源筹集和分配，分析系统的活动信息，即通过政策、制度和一些技术手段等协调系统成员的活动，以达到系统设计的目标。从事这些专门活动的管理人员（或称管理者）的活动构成的有机整体就是管理系统。

　　管理活动的普遍性（指管理活动作为人类活动的一个重要方面）普遍存在于所构成的各种组织机构中。专门管理者的出现体现了社会系统在结构层次上的性质，表明个人在社会系统中具有的不同位置、作用和性质。在管理活动中，人是管理的主体，权力是管理系统赖以存在的基础，权力对人的活动的约束性使人们按一定的方式组织起来，以实现系统的整体目标，也在一定的程度上体现了权力在协调中的作用。协调（或称调节），是指调整或改善高等学校与校外，以及校内各部门或成员之间、各方面之间的关系。就一个国家和地区来讲，把高等教育放到社会的大背景中，政府对高等教育的协调是使高等教育的层次、规模、结构、水平、质量、效益的协调发展，与社会的经济、文化的发展相适应，如果不相适应，就必须进行协调。就高等教育的组织——学校来说，它是高等教育系统中的子系统，学校组织的类型因区域、体制、机制、管理者的差异等出现差异，存在的矛盾是多种多样的，有总体目标与部分目标之间的，有长期规划与近期打算之间的，有整体利益与部门利益之间的，也有组织利益与个人利益之间的矛盾，这些矛盾如果不加以协调和解决，就会影响高等教育系统的运行和发展，也会影响高等教育效益的最优化。高等教育的协调任务与高等教育管理的本质要求是相一致的，体现了高等教育管理的基本矛盾和本质特征。

　　一般来说，在集体组织成员之中总是存在许多不一致，其中某些不一致可能上升为矛盾（程度不一的矛盾），这些矛盾关系中比较激烈的便会转变为明显或不明显的冲突。冲突一般分为三种类型：第一类是认知型冲突。由信息、知识、价值观等因素引起的冲突都属于认知型冲突。这种冲突随着双方认识趋于一致就能得到缓和与克服。第二类是感情型冲突。这是一种由非理性因素引起并为这种非理性因素所控制的冲突，也可能是由认知性因素诱发，最后为非理性因素支配的冲突。个性相抵是这种冲突最常见的诱因，它持续时间长，破坏性大。第三类是利益型冲突。这是一种由本位因素引起的目标冲突。社会中的个人和群体在处理问题时所关心的利益不同，从本位出发就可能引发矛盾和冲突，伴随利益的再分配，这种冲突可以克服。在日常社会活动中，随处存在可能导致冲突的根源，一旦有了起因，这种潜在的冲突随时都会转变为现实的冲突。

产生冲突一般有以下原因：第一，人的"个性"。从人的本性讲，不满情绪积累到一定程度就会形成冲突，需要有适度的发泄。第二，有限的资源争夺。资源在一所高校总是有限的，为争夺有限的资源而产生的冲突在所难免。第三，价值观和利益的冲突。不同经历的人的价值观容易形成冲突，部门和个人都可能因利益而产生冲突。第四，角色冲突。由于个人和群体承担的角色不同，而不同的角色都有特定的任务和职责，从而产生不同的需要和利益，因此发生冲突。第五，追逐权力，这是一种权力欲望的争夺。第六，职责规范不清楚，导致对任务的要求产生冲突。第七，组织的变动。组织的变动会导致利益的重新组合而产生冲突。第八，组织风气不佳。如领导的矛盾和派系涉及整个组织而产生冲突。

冲突的结果有三种可能：一胜一败、两败俱伤、两者全胜。前面两种结果显然都不是理想的结果，它们往往潜伏着第二次更大的冲突，领导在管理过程中应尽量避免这两种结果出现。第三种结果是在双方都较满意的基础上解决冲突而得到的，是可取的解决问题的方案，这就需要很好地进行协调，有效的协调是我们协调的目的。冲突的协调与解决方法主要包括以下几种：

（一）认知型冲突的协调

从宏观方面来讲，对于高等教育如何适应国家经济、文化的发展，每一个发展时期如何规划，高等教育的发展、高等教育发展速度的快慢、高等教育的层次结构等的确定，不同决策者及管理者有不同的观点和意见，甚至产生矛盾。在微观高等教育管理中，学校教育都是非常具体的管理活动，对于学校如何定位、如何发展、如何运用学校有效的教育资源，在培养目标、课程设置、培养计划的拟定和实施、教学与科研活动的具体展开、各项工作的总结评价等方面，都可能出现一些不一致和矛盾，甚至会形成明显的冲突。一般来说，增加交换看法和进行交流协商的机会，消除由于误会与信息不全导致的认识上的不一致；进行"和平谈判"，这需要领导者的权威和协调能力；提供学习机会，提高大学组织内成员的认识能力和观念水平，针对冲突双方以及冲突涉及的各方，大家都要提高自身的认识水平；调整或改善组织内部有关结构，使各种不一致、矛盾和冲突能够最大限度地被完善的组织结构和人员组合（搭配）所"稀释"和"化解"；用超然的态度承认并超越某种冲突，解决矛盾、冲突。具体来说，要解决这类矛盾和冲突，最好的办法就是在学习和研究的基础上，开展对高等教育的教育思想、教育观念的大讨论，进行认知统一。要提供公开交流的平台和场所，进行认知交流，认知融化，从根本上消除和化解矛盾和冲突，提高他们的认识水平，使成员各方在观念上形成一致。

（二）情感型冲突的协调

这是一种非理性的冲突，主要存在于微观高等教育管理的活动中，相对于某个方面的具体事项，带有个人的情感色彩。其原因可能是一些微不足道的小事，也可能是不同的性格、爱好，甚至可能找不到"原因"。在高等教育系统中，解决这类冲突可以通过提高成员的心理素质，使其具有能够承受一定的情感冲突的能力；提高认识水平，认识冲突的结果可能会产生严重后果；施行合理而公正的奖惩手段，坚持规章制度的原则性，对于坚持感情办事而导致不良后果的，做出制度上的处理；进行情感牵引，引导情感向有益的方向发展，如完善和改进目标管理，把成员的注意力集中到实现高等教育目标上去。

（三）利益型冲突的协调

利益冲突有一种特征，如果利益的消长或损益不超过某一程度，则这种冲突不仅不可怕，而且对集体的凝聚力和组织目标没有太大的影响或破坏作用。如果超过了一定限度，则会导致整个组织或系统瓦解。因此，人们要解决并能够解决的利益冲突基本上是处于这两者之间的利益冲突。利益冲突是冲突各方在各自追求效用最大函数值（或最大利益）的过程中构成的冲突。利益冲突围绕的中心就是利益，而利益对各人是不同的。一般来说，出现冲突时，组织中可能存在无数个体利益或自身利益，也可能存在多个不同规模的共同利益，但最大的共同利益只有一个。对于作为利益代表的个体或群体来说，他们的自身利益也只有一个最大值，这两个最大值就是"自利最优解"和"共利最优解"。解决利益冲突的关键在于如何进行利益的重新分配。如果借用函数求解的方式，当代表多方利益的曲线处于同一坐标系时，就不难找到共利最优解，但要把共利最优解和自利最优解结合起来就有一定困难了。寻找各方的自利最优解和共利最优解，实际上是一个人对利益的产生和形成的分析过程，而要使自利最优解和共利最优解取得一致，不仅是一个分析过程，而且是一个策略的实施过程。另外，它们也不是一成不变的，会因环境变量的改变而发生变化。因此，利益冲突的解决是一个因地制宜的过程。在高等教育系统中，各子系统，包括更小的群体和个人都有自己的切身利益，他们在实现系统目标的过程中也同样追求自己的切身利益。比如，高校教师进行教学科研工作时，一方面在完成高等教育的任务，另一方面也在追求自身的利益——职务晋升和自我价值的实现。职务晋升就是引起冲突的原因之一，特别是当候选人远远多于晋升名额时，冲突就异常激烈，因此如何确定公平合理的晋升方案就是解决冲突的关键。此外，在人员任免、经费分配、改革方案实施等方面，同样存在各种利益冲突。如果忽视了这些矛盾和冲突，尤其是利益上的矛盾和冲突，要想调动全体教职工的积极性，充分发挥他们的创造精神，就可能成为一句空话。在解决矛盾时，通常采用两个办法：一是通过政策法规来约束，明确整体与局部利益、局部与局部利益、个人与组织利益、组织与组织利益、个人与个人利益的关系，公平公正地解决这些利益冲突；二是加强思想教育工作，把物质奖励和精神鼓励结合起来，处理好国家、集体、个人三者之间的关系，这是高等教育管理者必须研究和解决的重要问题。

总之，要充分认识高等教育系统中存在的矛盾运动的规律，特别是在微观高等教育管理中，要按照矛盾运动规律来解决这些问题。具体来讲，个人与个人之间的矛盾主要表现在工资福利、提级晋升、表彰奖励、教育经费分配以及学术观点等方面，此时应遵循公正、平等的原则。而在个人与整体的矛盾方面，则要使系统整体目标与个人的目标一致。个人目标的实现可以通过整体目标的实现来达到，整体目标的实现是个人目标得以实现的前提条件。从宏观方面来讲，系统与环境之间的矛盾表现为对高等教育投资少与实现高等教育系统目标、政府包揽过多与高校缺乏办学自主权等方面的矛盾，只能通过政策、体制来解决。

我们应辩证地看待矛盾，特别是高等教育管理活动中的矛盾。从矛盾的普遍性来看，所有矛盾有共性的东西，因为产生矛盾的规律都是一样的。首先，我们要认识到矛盾的存在是必然的，不存在没有矛盾的社会，不存在没有矛盾的管理。人的价值观各异，认识方法和认识水平各异，有矛盾是很正常的。根据动平衡观点，管理活动中要存在矛盾，通过制造合理的矛盾，挑起正常的冲突，在冲突中谋求一致，解决矛盾，在冲突中达到平衡。矛盾出现并不可怕，可怕的是当矛盾出现以后，我们束手无策，或者任其发展，如有些管理者不善于解决这类矛盾，甚至不正视这些矛盾。另外，最不可取的做法是压制矛盾，结果造成矛盾激化，这样一来可能会带来新的、更大的冲突，产生更大的矛盾。

高等教育管理中对待矛盾与冲突，要做好以下工作：

（1）避免人为地制造矛盾和冲突。高等教育管理者应从源头上避免矛盾与冲突的出现。在制定各种政策和制度时要科学合理，经过专家论证和民主决策，坚决避免出台不合时宜的政策和制度，以免为矛盾与冲突埋下隐患。在管理活动中，我们也要尽量避免矛盾与冲突。管理活动中尽量地避免矛盾与冲突的办法有很多，其中之一是管理活动的透明、公开、公正。高等教育管理的本质特征与企业管理、经济管理有很大差别，中国高等教育的管理在具有行政性的同时，又是学术性的专管理。行政管理要的是透明度，学术管理除了知识产权和技术层面比较透明外，纯粹的管理活动更需要透明、公开、公正。只有把握好了透明、公开、公正的度，避免管理活动中人为地制造矛盾和冲突才能成为可能。

（2）实事求是地化解矛盾与冲突。矛盾与冲突在管理活动中是始终存在的，关键在于如何去化解。化解矛盾与冲突要本着实事求是的态度。首先，要敢于承担由于管理者原因引起矛盾与冲突的责任，用真诚来化解矛盾与冲突。其次，一旦矛盾与冲突出现，既不要大惊小怪，也不要消极怠慢，而要以积极的心态与行动去化解矛盾与冲突，把矛盾与冲突造成的破坏性降低到最低程度。

第三节　高等教育管理的属性

在社会活动中，为了与高等教育系统整体性相适应，高等教育管理提出两个目标：一是为使个体同整体相适应，用系统整体整合各个体，以实现系统整体的功能目标。二是为实现系统效益的最大值，要求把具有一定功能行为的个体有机结合在一起，达到系统最大的"结合力"的功能目标。只有综合这两个目标，才能使系统整体功能大于系统中各分散个体功能之和。这是高等教育管理的系统属性。这两个目标的矛盾运动决定了高等教育管理的两条基本规律：第一，高等教育管理的自然属性与社会属性趋于一致的规律。第二，高等教育管理的封闭性与开放性的矛盾统一的规律。这是高等教育管理最重要的本质属性。

为什么系统的矛盾运动可以使系统整体功能大于系统各分散个体功能之和？我们应如何认识高等教育管理的基本属性和规律？对于第一个问题，因为"整合"和"综合"使高等教育系统获得整体的功能目标和最大"结合力"的功能目标，这就具备了系统整体功能大于系统内各成员个体功能之和的条件。如果系统中的管理者尤其是领导者能够找到两个互为矛盾的平衡点，也就是要求各级管理者，尤其是各级管理的最高决策者在管理中必须找到两个目标的平衡点，才能保证系统功能最大化。高等教育管理具有自然属性与社会属性，高等教育管理活动本身就反映了它的属性。管理者在管理活动中运用专业知识，使用某些技术和方法实现管理功能，就表现出它的自然属性。有管理者就必然有被管理者，他们之间总是存在利益、认识、感情等方面的矛盾，在阶级社会里往往表现为阶级矛盾，在市场经济体制多元化格局中，宏观高等教育管理中有时候会出现各阶层利益之间的矛盾，如穷人和富人要求接受教育的矛盾，在整个国民经济的发展中，教育同其他行业的矛盾，教育内部中高等教育同其他层次教育之间的矛盾等，从而表现出它的社会属性。在不同社会制度的国家里，解决这种矛盾的方法往往是不同的，认识两类属性矛盾的存在和有效地解决这两类矛盾，必将推动高等教育事业的发展和目标的实现。同时，对高等教育系统的封闭性与开放性而言，这是一种客观存在的事实，高等教育的封闭性和开放性是相对的，只有系统与环境进行有效、快速、准确的物质、能量和信息的交换，才能使系统实现整体功能目标和最大"结合力"的目标。

一、自然属性与社会属性

高等教育管理的自然属性主要表现在普遍性方面。高等教育的管理是一种社会活动，社会活动的有序进行需要进行管理。因此，高等教育管理是社会活动中普遍存在的一种管理现象。无论哪个国家、哪个历史时期，只要存在高等教育，就存在各种培养高级专门人才的活动（包括专业设置、培养目标、课程设计、教学过程、教学方法、教学手段等），就有进行管理的必要。在当今社会，高等教育已经成了一种国民的素质需求乃至消费需求，成为国家和民众的普遍需求，特别是在高等教育大众化的时代，高等教育管理已经成为一种普遍的专业管理。二是高等教育管理的共性方面，即高等教育管理在各个历史发展时期都具有明显的共同点，这些共同点不因国家的经济、文化等差异而有所变更，也不因历史时期的变化而消失。正是由于这种共同性，中国传统高等教育中的优秀部分应当继承和发扬。另外，在高等教育管理的技术性方面，高等教育管理使用的技术和方法一般不受社会制度的影响，各国都可以相互学习，这样更加丰富了高等教育管理的内容，推动了高等教育管理的发展。

高等教育管理的社会属性包含两层含义：一是高等教育管理具有历史文化的继承性，即在人类创造历史的过程中，由于社会及自然环境不同所形成的各种地域文化，在高等教育管理活动中留下深深的烙印。这些"印记"在高等教育管理思想上表现为不能超越一定的社会文化形态以及人们的社会心理状态，并且在具有"同源文化"的国家和地区，在高等教育管理思想和管理哲学上具有很大的相似性，而非同源文化中所产生的高等教育管理思想和管理哲学就存在明显的差异。二是高等教育管理具有政治性。因为高等教育管理是与权力联系在一起的，高等教育的体制和相关制度、政策是社会制度和政策的一部分，是为一定的政治服务的。自然属性与社会属性是高等教育管理活动本身具有的两种属性，两者处于矛盾统一之中。高等教育管理的两个目标规定了高等教育管理的两种属性是相对统一的矛盾，它具体表现在维持系统整体特性功能目标应具有的稳定性与高等教育管理追求的最大"结合力"，要求改变系统结构而产生不稳定性之间的矛盾，两者之间的矛盾运动使高等教育管理不断得到改善。同时，高等教育管理的两种属性又统一于高等教育管理计划、组织、领导和控制等管理环节上，统一于高等教育管理的效益上。没有社会属性，没有维持系统整体特性的功能目标，就不会有产生最大"结合力"的需要，高等教育管理的自然属性就失去了存在的基础而无从实现它的自身价值。把高等教育系统内成员的个人目标整合成系统整体特性的功能目标，目的在于把分散的具有一定功能行为的个体结合起来，实现系统功能的"放大"。离开了自然属性，高等教育管理的社会属性也不可能体现出来，它的社会价值目标也不可能实现。

二、封闭性与开放性

高等教育管理的封闭性是指在高等教育管理过程中，根据高等教育管理的特殊矛盾而在高等教育系统内部自我运转和良性循环的性能。高等教育管理的开放性是指在高等教育管理过程中，根据高等教育管理的特殊矛盾而在高等教育系统与外界环境的相互关系中，实现物质、能量、信息交换的性能。就高等教育管理的封闭性而言，在高等教育系统内，无论进行什么高等教育管理工作，首要前提就是在一个相对独立、完整的高等教育系统内部，按照高等教育系统的特定目标而进行优化组合，即在高等教育系统的"投入—加工—产出"过程中构成一个相对封闭的系统。没有相对的封闭性，高等教育系统就没有相对稳定的环境，任何对高等教育系统的分析及高等教育管理活动过程都不可能按照自己的独特方式运行。这种相对封闭性是一种客观的存在，是更好地进行高等教育管理的必然要求。当然，完全封闭的高等教育系统是不存在的，因为完全封闭就意味着与环境不进行任何物质、能量、信息的交换，这样的高等教育系统必然会逐渐消亡。这就是我们所指的高等教育系统和高等教育管理的封闭性又具有相对性的方面。现代社会中，任何一个系统都不可能是封闭的，封闭只是相对而言的。高等教育系统受外界环境的制约和影响，只有开放才能获取更大的信息和物资资源，才能进入社会大系统中循环，并成长壮大。纵观中国高等教育的改革与发展，中国高等教育管理现代化进程的不断加快离不开开放，我国高等教育管理的很多思想与观念就是通过改革开放得到启发，很多技术与方法就是在国际高等教育的大背景下开发与形成的，现代高等教育管理的进程没有国际化的开放是不行的。没有开放性就没有中国高等教育的大发展，就没有中国高等教育管理的成长和成熟。

我们要充分认识高等教育管理的自然属性与社会属性的两重性。两重性规律以高等教育系统目标为基础，自然属性和社会属性、封闭性和开放性是高等教育管理本身所固有的。因此，高等教育管理的自然属性及其客观性规律在对高等教育管理的认识上，以及在高等教育管理的具体活动中都是必须要遵循的。高等教育管理活动中的两重性规律揭示的是高等教育管理固有的自然属性和社会属性、封闭性和开放性及其相互联系，这种联系是由高等教育管理的"整体功能"和"结合力功能"两个目标的矛盾运动决定的，事实上，两重性从整体上反映了高等教育管理的特殊矛盾。因此，管理属性的要素之间的联系是必然的。

总之，高等教育管理的自然属性与社会属性、高等教育管理的封闭性与开放性，以及它们的规律在高等教育管理过程中是共同存在、相对稳定的，是高等教育管理本质的反映，是高等教育管理的基本规律。

第四节　高等教育管理的特点

事物之间的区别就在于它的特殊性。了解了高等教育管理的特点，我们才能遵循它的本质规律，有针对性地协调管理活动中的各种矛盾，更好地开展各项管理活动。

一、高等教育管理目标的特殊性

高等教育系统目标的特殊性决定了其管理目标的特殊性。高等教育系统的主要目标是根据高等教育的功能来确定的。对管理的功能与目标也提出了特定要求。高等教育管理的功能就是要通过计划、组织、协调、控制等使高等教育更加符合社会发展的要求，符合社会生产力的要求，这种要求表现在教育的层次、结构、规模、质量等方面的目标。另外，在微观方面，高等教育管理要使组织中的每个成员按高等教育的规律办事，更好地完成既定的目标。高等教育系统的目标是根据高等教育规律和社会发展对高等教育的需求来制定的。所以，高等教育系统的协调活动也应该以高等教育的规律为指导，而不能简单地照抄企业管理中的某些方式和方法。从这个意义上说，高等教育的微观管理是以更好地培养人才并且着眼于提高人才的质量为根本目标的管理活动，它不能也无法以只追求经济效益（更不能以只追求利润为目的）为目标。与行政管理、企业管理等其他管理不同的是，如何将社会效益和经济效益有机地结合，纳入高等教育管理的目标中，正确地处理社会效益与经济效益的关系，这是值得高等教育管理工作者研究的，同时反映了高等教育管理目标的特殊性。

高等教育管理具有两个最基本的目标功能：一是尽其所能地将系统内的各种关系和资源凝聚起来，形成一个整体，这就是管理的"维系"功能；二是最大限度地围绕系统的整体目标，发挥要素的主动性、积极性，更好地实现高等教育系统的整体目标，这就是管理的"结合"功能或"放大"功能。高等教育系统是由相关教育行政机关和各级各类高等学校组成的系统，它的结构与功能与其他社会系统相比有所不同。高等教育在同其他社会系统进行物质、能量和信息交换的过程中，在为社会提供精神产品的同时，也提供物资产品，这种物资产品表现在劳动力、科学技术成果、现代文明与文化产品的方面，也可能形成工业产品。高等教育系统是最具创造力的社会系统，通过各成员、各要素主观能动性的发挥，可以最大限度地实现"系统大于部分功能之和的效果"。但如果教育者及教育资源中的人的主观能动性发挥不好，这比其他任何社会系统都更有可能制约生产力的发展。所以，高等教育管理者要充分认识到这两大功能的特殊性，将二者有机地结合起来，用凝聚力推进整体的结合力，用系统的发展加强整体的凝聚力。

二、高等教育管理资源的特殊性

无论是宏观高等教育管理还是微观高等教育管理，高等教育管理资源要素的特殊性具体表现在以下三个方面：第一，这是由一群高级知识分子组成的特殊群体，组织及其成员的特殊性构成了要素的特殊性。从高等学校管理的主体和客体，即管理者和管理对象两个方面看，组成高等教育系统的主体要素之一是教师，是创造和掌握专门知识的群体。因此，对他们的管理要符合这一群体的心理活动和以个人脑力劳动为主的集体性活动的特征。另外一个高等教育系统的主体性成员之一是学生，是一群 18 岁以上、受过完全中等教育的青年，对他们的管理和协调方式要符合他们身心发展阶段的特殊性。正是由于高等教育系统组成人员的特殊性，管理中存在一种特殊的管理现象，这种现象强调和要求自我管理。应该说，自我管理是任何管理中都存在的一种现象，但是，在高等教育管理中，自我管理尤为重要。它是一种身心和智力发展的自我管理，其成员要培养或提高自我管理、自我组织、自我发展的能力。学生的心理特征也表明，在教育过程中，完全有必要让学生发挥自我组织管理的能力，才能更好地促进发展。所以，管理对象是高等教育管理要素最重要的特点。第二，教育投资与经费的管理是一项复杂的工作，因为它的用途是复杂的，不能用绝对的量化管理来处理，有时投入产出不能短期内见到成效，经济回报率可能很低。这就是高等教育的经费管理有别于企业管理、行政管理、经济管理等的特殊性。第三，教学与科研的物资设备的管理具有特殊性，表现在这类资源不完全是生产性资源，这些物资设备是建立在教学科研功能上的，是为了完成教育教学、科学研究开发等，它们不仅指一套套设备，还可能是一个个教学实验和科学研究的基本平台。

高等教育资源的特殊性构成了高等教育管理的特殊性。高等教育资源是指整个社会用于教育领域中的人力、物力和财力以及知识产品、文化产品等的总和。有效的可利用资源是指高等教育的主办者对高等教育的投入所形成的资源，主要表现在经费投资方面。社会用于教育资源的来源与社会中的区域发展相关联，与政府对教育的投资相关联。教育是一种事业投资，但是又不仅仅是纯粹的事业投资，因为它的投资对象决定了教育不可能是完全的事业投资。事业投资主要针对公共事业，公共事业是面对大众的，基本上所有民众都可以享受。而高等教育的对象群体不是单纯享受公共事业的群体，毕竟当高等教育还没有达到普及的时候，就不可能是一种完全的事业行为。虽然高等教育的结果是回报社会，但是受教育者只是整个社会群体中的一部分。为什么不能普及高等教育？这是由高等教育资源的有限性决定的，这些资源又受到整个社会经济发展的制约。所以，从一个方面讲，高等教育的投入来自政府、学生家长、学校自身和社会的多方融资，这构成了投资的特殊性，也就决定了高等教育资源的特殊性。高等教育财力资源不是自然资源，也不是可以生产制造出来的，而是要通过长时间打造和培育，随着社会的发展与需求逐步形成的。在满足了人的再生产以及所需要的物质再生产以后，社会所能用于教育的资源就十分有限了，难以满足社会和个人对教育的需求，这也是教育管理中的一对特殊矛盾。因此，如何获得更多的教育资源，如何有效地使用稀缺的教育资源，就成为社会领域和教育领域共同关心的问题。而高等教育资源投资的特殊性构成高等教育管理资源的特殊性就不言而喻了。

三、高等教育管理活动的特殊性

从宏观高等教育管理来看，高等教育事业具有很强的战略性、前瞻性。高等教育管理活动整体的发展规划关乎社会民生，需要许多专家系统来完成，活动内容涉及区域经济、人口发展、科学技术水平、社会环境等。从微观高等教育管理来看，高等教育管理活动的特殊性体现在高等教育组织管理的活动中，最主要的表现之一就是要协调学术目标与其他目标之间的矛盾。学术目标是一种高智力投入和高智力劳动的追求，除了个体的高智力劳动外，还要强调高智力劳动的结合、高智力劳动者的团结协作。高等教育系统的主导性活动是传授知识、创造知识，高等教育培养的各类专门人才和高等学校所提供的各种科技成果主要是通过学术水平和应用价值的高低来衡量的。管理活动的学术性极强，而这种学术性不可以用一般行政性方法进行管理。因此，学术目标的组织、协调、实现等是高等教育管理活动中的特殊矛盾，这就要求高等教育管理者一定要重视学术这一特殊目标，使这一特殊的管理目标与学术目标相一致。高等教育组织中的教学活动是教与学的双边关系，高校师生是一个特殊的群体，在完成教学目标和管理目标的过程中，师生参与具体的教学管理活动，实现双边认知认同，教学民主就显得更加重要。大学教职工是高等教育系统中的主要力量，是实现高等教育管理目标的智慧源泉，要发挥他们的智慧和力量，学术自由是高等教育管理必须考虑的问题。高等教育系统中实行学术民主将激发师生员工极大的能动作用，使大家从信任中受到鼓舞，在学术自由这个平台上施展自己的才华，真正成为学校管理工作中的中坚力量。

第二章　高等教育管理功能

第一节　规划与组织功能

一、高等教育规划的依据

(一) 高等教育规划产生的社会背景

⟫⟫ 1. 经济因素

我们这里讲的经济因素实际上包括两个方面：一方面是国家经济体制的因素，另一方面是经济发展的需求问题。20 世纪 50 年代末至 60 年代初是世界经济大发展的时期，国民对高等教育的需求量日益增加。我国的教育需求与国民经济的发展需求相适应，与国家政治的需求相适应。随着国家政治经济体制的改革，计划经济体制向市场经济体制转变，人及人力资本成了市场的经济体，人有了资产，人的教育需求就有了经济基础，教育的需求问题不仅是国家的需求，也是一种社会需求，一种国民教育的需求。根据恩格尔定律，随着收入水平的提高，人们用于生活必需品方面的支出占整体收入的比例会不断下降，而用于包括教育在内的其他非生活必需品方面的支出占整个收入的比例会不断上升。

⟫⟫ 2. 人口因素

人口因素主要是指人口增长对教育需求的影响。除了经济因素外，人口因素是导致国民高等教育需求量增加的重要因素之一。第二次世界大战以后，世界人口急剧增长，这些战后出生的人口到 20 世纪 60 年代末至 70 年代陆续步入接受高等教育的年龄，使接受高等教育的人口数量迅速增加，直接导致高等学校在校人数的快速增长。人口因素主要体现在人口增长与教育资源的矛盾方面，它是教育规划中教育规模规划的重要依据。从历史或全球来看，如果完全按照市场来决定高等教育的需求问题是不可能的，教育不可能市场化，教育问题也不可能完全由市场来解决。目前我国的教育规划仍带有国家性。这是因为目前还有部分人不可能完全靠自身的经济能力满足教育需求，而必须依靠国家或者社会解决其教育需求问题，如依靠国家的经费投入和高等教育财政补贴。所以，国家的教育规划，特别是高等教育规划就显得十分重要。

▶▶ 3. 人力资本因素

在市场经济体制中，人力资本是其中最活跃的因素。人力资本主要来自教育的生产。人力资本需求越旺盛，教育的需求就越旺盛，人力资本的质量和水平要求越高，对高等教育质量与数量的需求就越高。随着高等教育在社会经济生活中的地位日渐提高，人们研究教育与经济关系的兴趣日益增长，在这种情况下产生了人力资本理论。人力资本理论创立的动力来自经济学家对经济增长问题研究的兴趣。传统经济学把土地、劳动、资本看作生产的三个要素，在一定时期内，生产的产量是由劳动、资本和土地三个基本要素的投入量决定的。第二次世界大战后，经济学家从对经济增长中生产要素组合比例的分析中发现，影响经济增长的因素除了资本的投入和劳动的投入外，还有其他因素。那么，其他因素包括什么呢？人力资本理论把这些因素归结为知识的进步、技术的改造和劳动力质量的提高，即人力投资，特别是教育投资的结果。人力资本理论的核心概念是人力资本，指的是人所拥有的知识、技能及其类似可以影响从事生产性工作的能力，它是资本的形态，是未来薪金或未来偿付的源泉，人的资本形态体现在人的身上，属于人的一部分。人力资本是相对于物质资本而言的，它是一种生产要素资本，对生产起促进作用，是经济增长的源泉，并且和物质资本相比，在经济活动中的作用更大，对经济增长的贡献更大。倡导人力资本理论的学者尤其重视教育投资的作用，认为教育不但是一种消费，也是一种投资活动，能够提高劳动生产率，产生经济效益。在各种人力投资形式中，教育投资是最有价值的。舒尔茨曾经指出，就美国经济增长而论，已有大量证据表明学校教育和知识的增加是经济增长的主要源泉。就个人而言，个人接受教育可以增加知识和学习技能，提高个人所得。就社会而言，教育为社会培养各类人才，提高其生产力，促进了社会经济的发展。同时，由于个人的教育水平同个人的收入联系在一起，一个人的教育水平越高，其工资收入越高。因此，国家可以通过相应的教育发展政策减少国民教育水平的差异，从而缩小国民收入分布的差距，最终促进社会的平等。人力资本理论对教育与经济之间的关系的新认识不仅带来了人力投资革命，而且对教育界产生极大的震动。无论是发达国家，还是发展中国家，都把教育看成经济发展的一个重要变量，人们普遍认为教育的繁荣不仅会带来政治的安定和文化的进步，还必定会促进经济的加速发展。

（二）高等教育需求的构成

》》 1. 社会对高等教育的需求

社会对高等教育的需求反映了社会经济、文化等的发展对高等教育所提供的人才数量的多寡、质量的高低、规格和种类及知识的创造、科学技术的更新等方面的要求。具体来说，社会对高等教育的需求主要体现在以下几个方面：

（1）经济发展对高等教育的需求。随着经济的不断发展，社会对高级专业人才的需求不断增长。就我国来看，各地区、各行业的生产力发展水平有很大差距，表现为多层次的生产力结构。所以，各地区、各部门对高级专业人才的需求是有差别的。另外，高新技术产业的崛起、信息时代的到来、产业结构的变化，对人力资源的组合也提出了新的要求，这些要求最终反映在对高等教育的需求上。从生产力发展方面来看，为了最大限度地满足社会的教育需求，许多国家开始对高等教育系统进行分析、规划和改造，并为高等教育系统的发展制定规划。许多国际性组织，如世界银行、联合国教科文组织、经济合作与发展组织等也进行了大量的教育规划研究、培训、实践工作等，推动了世界范围的高等教育事业发展。

（2）文化发展对高等教育的需求。人类在认识、改造自然与社会的同时，也促进了自身的发展和提高。人类在长期的社会实践活动中，不仅创造了光辉灿烂的人类文化，而且还要不断保持和继续创造更加灿烂的人类文化。对此，高等教育起着巨大的推动作用，人类文化的发展对高等教育有着巨大的需求。

❱❱❱ 2. 个人对高等教育的需求

（1）职业的需要。随着社会主义市场经济体制的建立，劳动力市场也不断走向成熟和完善。开放的劳动力市场对不同质量的劳动提供不同的市场价格。而人力素质往往由受教育程度的高低来决定。受教育程度越高，谋求理想职业和获取较高报酬的机会就越多。这促使个人及其家庭尽其所能地争取较高的及较优的教育机会，期望得到更好的工作机会及报酬。高等教育是教育层次中最高层次的教育，是专业教育，自然就成为个人职业竞争的初始焦点。从这个角度来说，个人的高等教育需求是最现实的、最迫切的。

（2）成就的需要。成就的需要包括谋求较高的社会地位，以期获得别人的尊重；发挥个人的聪明才智，获得工作的成就。这些需要的满足往往是以接受高等教育为前提的。能够接受高等教育本身就是一种成就，即学习成就的一种标志，而接受了一定程度的高等教育又为今后个人在工作中取得成就，以及更好的发展奠定了基础。

（3）真善美的需要。真善美就是向往追求真理，追求人自身道德的完善，追求美的情感和事物。在某种情况下，真善美的需要不可忽视，它是人们追求高等教育的一种动机和力量。真善美的需求往往被人们忽视，而实际上，但凡接受了高等教育的大学生，在校园文化的熏陶下，德育、智育、体育、美育等方面都得到了发展。学校德育的影响使大学生的世界观、价值观、道德上的真善美得到升华；知识的学习使大学生认识世界、改造世界的能力大大增强，真善美的识别能力得到增强；体育不仅训练了大学生的形体美，而且培养了他们欣赏体育美的能力；美育既是专门教育的结果，也是整个大学校园文化综合的结果。

以上几种个人需要构成了个人追求高等教育的基本动机，体现了个人对高等教育的需求。个人和家庭是社会的一部分，所以，个人对高等教育的需求也可看作社会对高等教育需求的组成部分，我们应当重视对这部分需求的研究。因为，个人的需求往往是社会需求中最敏感的部分，社会发展对高等教育提出的各种需求常常是通过个人的需求首先反映出来的。个人的需求和社会的需求有着紧密的联系，两者在很多情况下是一致的，个人的需求也会影响社会的需求。由于资源有限，社会需求和个人需求不可能都得到满足，随时可能产生需求矛盾，即使是在发达国家，往往也不能完全满足民众对高等教育的需求，还可能会产生新的需求矛盾。因此，在高等教育的规划中，需求是根本，从一定意义上讲，没有旺盛的需求就没有兴旺的高等教育，需求推动了高等教育的发展。

（三）高等教育规划的方法

▶▶ 1. 人力需求法

人力需求法是一种运用得较为广泛的规划方法。其基本假定是：经济发展有赖于教育提供促进经济增长所需的各种受过教育和训练的人力，经济各部门的劳动生产率投入与产出结构是可以预测的，每一种产出和劳动生产率的水平都与一种特定的职业结构相联系；每一职业都有最佳的教育结构；技能和教育之间存在对应关系；劳动力市场的过剩或短缺通过发展教育来协调。因此，首先必须借助于规划来预计通过高等教育培育人才的数量与质量，来确定社会需求的总量及各级各类人才的数量，指导高等教育机构完成教育任务。人力需求法的基本原理是以社会经济发展对人力的需求为出发点来制定规划。具体来说，通过了解国家在某一时期劳动力的职业与教育结构和产出水平之间存在的联系，来确定高等教育的质量与数量。

▶▶ 2. 社会需求法

社会需求法是基于人力需求法，对整个社会经济、文化的发展来考虑的。对于一个国家而言，它不仅仅要考虑需求的个体、局部，更要考虑国家的整体，如地区、行业等宏观层面上的需求。社会需求法是一种常用的高等教育规划的方法，其思想是以个人对高等教育的需求为出发点，把高等教育个人的投资和消费集合成整体，并尽可能满足个人对高等教育的需求，以这种需求为基础制定高等教育整体规划。同时，社会需求法还要站在更高的角度，预测整个社会未来可能存在的需求。社会需求法是以个人的教育需求为基础的规划方法，这里的社会需求是一个集合概念，它把个人的决定集合起来。从另外一个角度来讲，社会需求法的基本原理是建立一个描述教育系统的模式，用学生从一级教育向另一级教育的流动来描述教育系统的活动。人口预测是它的基础，升级比例是它的重要参数，是毕业生就业与社会的需求平衡结果。特别是当一个国家的社会发展与教育之间产生矛盾时，社会需求就会产生作用，极大地影响高等教育规划，并以此来预测和规划未来的高等教育。

▶▶ 3. 组织发展需求法

以上我们研究的出发点是宏观的高等教育管理，对于微观高等教育管理，学校组织的规划一般是根据上级教育行政管理部门的要求，特别是学校的发展来制定的。学校的发展目标、学校的资源状况是学校制定规划的依据，组织发展的需求是更好地制定规划的动力。

二、宏观高等教育规划

宏观高等教育规划是国家及政府层面上的规划，我们可以称之为战略性的规划和指导性的规划。这一层次上的规划有许多，我们主要分析有关事业发展类的规划。如编制国家的高等教育事业发展规划主要有三个方面的工作要做：

（一）提出规划的指导思想

规划要以国家关于高等教育发展的总方针和有关精神为指导思想，以国家教育事业发展的总规划为依据，贯彻科学发展观，加强统筹安排，控制高等学校的数量，提高高等学校的办学质量，调整和优化高等学校的布局和结构。

（二）设计规划的内容

高等教育规划应包括以下内容：一是总结和分析前一个时期高等教育发展的整体情况。高等教育的需求与目标完成情况；高等教育资源结构布局；高等教育改革现状；高等教育经费情况，特别是高等学校的经费保证和财力支持情况；高等教育办学条件；高等教育资源的现状，包括数量分析和结构分析。二是提出今后一段时期内高等教育发展的目标。即根据上一时期目标完成情况，在充分考虑现有高等教育资源的前提下，提出今后一段时间高等教育的总体规划目标，如高等教育的发展规模、发展速度、高等教育的各种结构协调、教育层次的发展等。三是高等教育经费财政保障。提出预算内教育经费增长的政策保障和具体措施，以此作为高等教育发展的前提。四是完成目标的步骤和措施。

（三）编制规划的程序和方法

地方高等教育事业发展规划与国家层面上的规划有一定区别，但没有大的差异。一般来说，地方政府的高等教育事业发展规划应根据国家的有关文件精神和要求进行编制，主要是以国家对于高等教育发展的总方针和教育部的有关精神为指导思想，以地方经济社会发展的总体规划和教育事业发展的总体规划为依据，贯彻科学发展观，加强统筹安排，控制高等教育发展的数量和规模，提高高等教育的质量，调整和优化本地区高等教育的布局和结构。规划的内容基本反映在以下四个方面：一是本地区前期高等教育发展的整体情况，除了发展的规模、结构、质量、速度外，还有前期本地区财政性支出对高等教育的支持情况、本地区办学条件的总体情况，分析本地区高等教育资源的现状，包括数量分析和结构分析。二是根据本地区前期经济社会发展需要和今后高等教育发展的规划目标，在充分考虑现有高等教育资源尚可利用的剩余容量的前提下，提出本地区今后高等教育发展的规划。这一规划应包括高等教育的总体规划目标和各级各类分项目标。三是经费来源和财政保障。提出保证本地区今后高等教育经费预算内事业费年均水平比上一时期有所增长的政策保障和具体措施，以此作为本地区本期间高等教育发展的前提。四是完成规划的具体步骤与措施。同时，地方高等教育规划受国家的指导和控制，国家为了保证各地区高等教育的协调发展，在确定地方高等教育规划的时候，要提出审查意见，履行审批手续和程序，这体现了《中华人民共和国高等教育法》中规定的国家对高等教育管理，是由高等教育管理体制决定的。

三、规划功能分析

（一）规划的顶层设计功能

不论是宏观高等教育管理，还是微观高等教育管理，规划是顶层设计。宏观高等教育管理中的规划对于高等教育的大政方针、发展方向和发展目标都进行了宏观的规划，给出了整个国家或地区的高等教育规划发展蓝图。

微观高等教育管理规划是学校组织发展的顶层设计。微观高等教育管理规划中确立的办学思想是学校发展的灵魂。

（二）规划的战略功能

规划具有国家高等教育发展战略功能、地区高等教育发展战略功能、学校发展战略功能。它是一个战略谋划过程，这是由规划的性质所决定的。

国家和地区的宏观高等教育发展战略把高等教育的大政方针、目标措施等进行系统集成，成为中长期的发展战略蓝图。

第二节　控制与协调功能

高等教育管理的实施过程中十分重要的部分就是控制与协调。控制是对组织运作及组织活动进行规范性干预，大都是制度性的、行政性的，甚至是强制性的干预。而协调除了有些是通过控制的手段外，更多的是用技术和软性的方法来解决管理活动中的问题和矛盾，包括通过管理艺术化解矛盾。这里我们主要研究控制的问题。

一、高等教育目标控制

高等教育目标的实现程度是衡量高等教育管理效能的重要基准，也是高等教育控制的主要依据。高等教育目标是相对于社会对高等教育的一定需求而言的，是预设的推动高等教育预期目的实现的导向和标准，因此具有预见性特征。随着时间的推移，高等教育活动主客观条件的变化，无论是宏观高等教育管理还是微观高等教育管理，对高等教育目标适时进行控制和校正是必然的。

同时，高等教育目标又带有目标制定者对教育价值判断的印记（如对普通教育或学生个性应达到的结果的不同观点），而现实中教育目标的实现通常并不完全按照教育理论家或政治家的设想进行。对于高等教育目标操作中出现的与理想之间的偏差自然也需要控制。

各教学和行政管理部门在贯彻和实施高等教育战略目标及和办学目的有关的计划、程序时，往往需要制定详细的子目标，且各子目标之间相互关联，它们之间的协调是重要的，也存在一定困难。人们往往会因各自不同的目的或利益而发生矛盾甚至冲突，尤其是在功利性色彩较为浓重的组织活动中，对各自目标的追求和竞争在很大程度上代替了对总目标的无条件服从。对于子目标执行过程中出现的种种偏离总目标的行为，需要有一定的制度和机制对其实行调控。

从历史角度来看，高等教育发展要经历数量扩张与质量提高之间的矛盾。对数量目标或质量目标的侧重往往带有功利性目的。例如，服从于一定的政治目的（如教育机会均等），要以数量发展为保证。而从维护高等教育自身的学术地位来看，则应首先考虑质量目标。然而，数量发展并非没有限制。一方面，数量的过度扩张必然带来教育资源分配的紧张（尽管适当的数量规模有助于管理效益的提高）；另一方面，数量的增长也可能损及局部的质量。对于高等教育质量的控制，除了数量因素外，系统内部已有的制度、管理人员的素质、师生之间的互动、学生的成绩、毕业生的受欢迎程度等都是质量控制的重要内容。在此，我们拟从高等教育数量控制和质量控制两个方面简单探讨高等教育目标的控制问题。

（一）高等教育数量目标控制

从世界经验来看，高等教育数量扩张的原因大致包括：经济起飞阶段对专业人才需求的急速增长，政府对高等教育的政策倾斜和巨大投入，某些社会大变动后造成的高等教育政策的变革，等等。就我国而言，招生问题上的主要矛盾在于政府每年对招生规模的限制与地方和学校面向社会自主办学的需要（包括招生计划编制调控上享有的自主权）。目前，我国每年由国家教育部和国家计委根据国家经济和社会发展的总体规划，经过综合平衡，提出当年全国普通高等学校年度招生总量，各省市和中央各部门在国家宏观计划和方针政策的指导下，根据本地区、本部门的实际需求、生源情况及所属普通高等学校的实际办学条件，编制本地区、本部门的招生计划。但问题在于，地方高等学校是由省级政府部门管理的，中央部属高等学校由主管部委管理，地方高等学校和中央部属高等学校招生计划互不相通。这种条块分割状况，造成有些院校的专业因人才需求所限而无法保证一定的规模，而有些专业人才的培养一哄而上，专业重复设置现象严重。这两者都造成资源投入上的浪费。对于各高等学校来说，面对激烈的生源市场竞争，只要政策一有松动或有可变通之处，就有可能出现招生超计划的情况。所有这些都给国家对招生数量的有效控制带来了障碍。

在控制高等教育数量目标的过程中，我们应明确区分政府主管部门与学校两者的不同职能、权利及义务。

政府宏观调控职能包括以下几个方面：①向学校及时、准确地发布人才需求信息（包括数量、层次、规格、专业、学科、地区需求等）；②制定长远发展规划，对学校进行总体指导；③依据学校的办学条件，合理核定招生总量规模；④制定扶植学校发展的方针、政策和措施，减少市场对学校发展的不利影响，保持学校发展的相对稳定性；⑤对学校进行定期评估，并把评估结果作为改善学校办学条件、决定能否享有或继续享有一定程度招生计划自主调节权的重要手段。

学校若要实施自主调节招生计划的职能，则应满足以下条件：①研究、制定学校发展的中长期发展方向、目标和总体规模，并经主管部门核定；②对学校的教学质量、科研水平、产业发展、学校管理、办学条件等承担相应的责任；③在政府宏观指导下，学校逐步建立自我发展、自我约束和自我调节的机制。

（二）高等教育质量目标控制

▶▶ 1. 高等教育的质量标准

从高等教育增长方式来看，可将高等教育目标分解为数量目标和质量目标。高等教育目标还可以从高等教育功能的角度来考察。例如，随着社会的进步，高等教育活动呈现出多元性：保存和传递人类已有的文明成果，培养和提高公民的素质；探求未知领域，发展科学技术和文化；满足社会对人才开发及科技开发、应用等方面的要求；大学直接参与社会经济建设，服务于社区和国家建设；等等。这些活动同时也构成了高等教育的目标体系。现代高等教育具有多方面的目标与功能，因而，衡量高等教育质量的标准也不是单一的。学术标准是其十分重要的标准之一，但并非唯一标准。除学术标准外，还有高等教育的"适切性"问题，即是否适应社会发展的需要，是否切合受教育者身心发展及其就业的需要等。一般而言，高等教育系统内部往往倾向于强调教学、科研的学术标准，强调学科、专业的内在逻辑和科学性，而社会（包括用人单位、学生、学生家长等）更多地关注高等教育活动对现实的适切性、实用性，如学校的课程设置、教学内容是否有利于日后就业；在缴费上学的条件下，上学的投入能否保证更大的回报；高等学校的科研成果能否向企业提供新产品、新工艺，从而给企业带来可观的经济效益等。在理想状态下，高等教育质量应兼顾学术、社会需求、受教育者意愿和能力等多方面因素。在高等学校的质量评估标准中，专家们也力图全面反映这些因素。

在实际操作中，兼顾诸多因素是十分困难的。但是如果我们根据不同的质量标准（尤其是学术标准），将高等学校做适度分级，其实施难度会得到一定程度的降低。同一课程在不同学校的专业里，其学术性程度是不同的，衡量这门课程的质量标准自然也不同。例如，工科教育中的数学课和理科教育中的数学课是不一样的，前者强调数学作为一门工具性课程的实用价值，而后者十分注重数学课的逻辑性和探索性。推而广之，每所学校根据不同的功能定位，其学术水平的要求存在一定差异，每一层次的学校可以在同类中进行竞争，并进一步进入更高层次的学校行列。

截至目前，高等教育的质量没有统一标准，宏观的质量标准反映在适应度上，主要是指高等教育与社会经济发展的适应度，科学技术与科学文化知识创新水平、培养的人力资源的数量与质量是高等教育适应度的主要内容。高等教育组织办学的质量标准正在探索和完善，特别是综合考察学校办学的质量、水平、效益等，已经逐步成为高等教育质量标准的主要内容。目前我国评价大学质量标准方面的研究有极大的发展，但主要集中在教学与学术方面，还不完全是学校的整体质量。

>>> 2. 高等教育质量控制手段

从时间上看，高等教育质量控制可分为以下三类：

（1）前馈控制。前馈控制是指对高等教育质量设置的过程进行控制，对高等教育质量运行的方案设计进行控制，尽量避免可能出现的问题。

（2）过程控制。它关注高等教育质量活动过程与高等教育目标的契合程度。在高等教育运行中，适时进行中期评价，对出现的问题做出诊断和调整，避免运行过程中偏离目标，最大限度地保证高等教育质量。

（3）反馈控制。反馈控制不是活动全部结束后对活动的结果进行信息反馈来加以控制，这是一个误解。反馈控制是在管理活动过程中，对于某项活动的运行状况随时进行信息反馈和控制。这一活动是指一个有结论的过程，对于没有按照规定的目标和要求而出现的情况进行调控。当然，终结反馈也是十分必要的，其结果只是对下一个循环进行调控。我们要注意反馈信息渠道的正常与多元，避免错误反馈。建立专业性鉴定委员会等方式可以加强反馈信息的权威性，并为新一轮工作、活动提供质量控制、工作改进的建议。

高等教育的质量控制还有评估、标准化质量管理等其他控制手段。

二、高等教育行为控制

任何管理活动都是人的活动行为。无论是宏观管理还是微观管理，行为控制都是管理活动中复杂的课题之一。一是人的行为很难精确测量，因而很难判定它与目标究竟有多大程度的偏差。二是目前人们对自身行为规律的了解还不深入。十多年来，随着心理学和行为科学的发展，不少学者对行为控制问题做了较深入的探讨。

（一）高等教育组织行为的管理

从微观高等教育管理来看，高等教育领域的教学与科研活动属于高智力型。高等学校的教师和学生致力于知识的探索与传播，他们在实现高等教育目标活动中的各种行为有别于其他社会组织。但是，普通的组织行为管理技术对于高等教育系统中的行为控制是很有价值的。它立足于人的行为和环境的相互作用，试图通过对环境条件的控制实现对人的行为的控制，从而促使人的行为向预期的方向发展。在高等教育管理中，管理者要帮助高等教育系统成员形成良好的职业行为，就要为他们创造条件，满足某些条件后才能得到预期效果。例如，只有按照一名校长应具备的行为规范与行为要求来挑选校长，并为他创造履行校长职责的条件，才有可能得到预期结果。

（二）组织行为的修正

组织行为的修正主要针对那些与完成工作任务不一致或不协调的行为，因为它们不仅影响组织目标的实现，而且还会导致组织的功能障碍，甚至威胁组织的正常运行。组织行为的修正技术包括以下五个环节：

第一，鉴别与工作有关的行为事件。和组织行为管理技术一样，它特别重视外显的行为，而不重视态度等不可直接观察的变量。它只鉴别与工作有关的事件，而不考虑与工作无关的事件。

第二，测量行为。它包括观察行为、记录行为，然后根据记录的结果描述各种行为，以引起人们对这种行为的注意。

第三，对行为进行功能分析。它包括将行为和各种环境变量分解成功能因素，找出行为和环境变量（事件）之间的关系。最后找出影响和控制行为的因素，为修正行为提供科学的基础。

第四，寻找修正行为的途径和方法。它包括三个步骤：在分析行为功能的基础上分析行为与环境事件的联系，找出因果关系，并确定采用何种方法来修正行为；应用和实施修正技术，通常的手段有强化、惩罚、消退或这些手段的结合；采取适当的强化方案，维持期望的行为。

第五，对整体工作进行评价，以确定修正的方法是否妥当，为以后碰到类似的问题提供科学依据。

三、高等教育财务控制

高等教育财务控制是高等教育系统内部各组织借助对资金的筹集、分配和使用采取的一整套管理和监督方法，从而使有限的教育经费得以最大限度的发挥效能，达到预期目标的过程。与其他社会系统的财务控制类似，高等教育财务控制包括预算、会计与决算、审计几种活动。

（一）高等教育的财务预算

高等教育的财务预算主要是指对高等教育事业经费的编制、分配、执行、调整和分析等一系列活动。高等教育财务预算的基本目的是确定从中央到地方主管部门、从大学到学院、从学院到系科、从系科到教学科研人员等的资源分配和调整。在确定预算拨款时，要对资源可选用的方案做出明确的抉择。因此，高等教育预算的核心问题是根据什么标准把 X 款项拨给 A 项活动而不拨给 B 项活动。

高等教育的财务预算工作具有计划性。它可以看作计划工作的一部分，同时也可以被视为管理工作中的控制手段，是一种典型的前馈控制。一般来说，它具有以下特点：第一，预算与价值计算的形式定期进行；第二，预算按一定的组织系统自上而下有序地进行；第三，预算的目的是保证教育计划的顺利实施，促进教育效益的不断提高。

▶▶ 1. 追加预算法

这种预算方法允许学校预算中每一单项可以追加，其主要依据是，现时的拨款根据是适宜的，而当前的计划方案要以现有的形式持续下去。这种追加预算法被认为是利益群体已经赢得了一段时期支配权的标志。这种方法的优点在于稳定性和可预期性，其缺点在于不能充分鼓励学校去鉴别现有计划是否完备或是否有必要取消现有的无效计划。

▶▶ 2. 非定额预算法

这一方法要求每个院校的财务计划部门在该单位管理者认为适当的水平上提出计划所需的预算申请。通常由单位管理者同主管预算的人员进行协商，调整预算额以便与可利用资金相吻合。其优点是单位参与预算制定的机会增加了，其缺点是申请额与实际到位资金通常不一致，对最后分配决策缺乏明确的准则。

▶▶ 3. 定额预算法

定额预算法也称为"一次总付性"预算。它同非定额预算法刚好相反，院校财务部门得到一定数量的拨款，并须按此拨款数额建立起单项预算。其优点是单项预算权分散，可以使各单位计划具备灵活性和有效性，其缺点是中央行政机构对原先预算额的静止或依赖与各单位实际情况的千变万化形成明显的反差，整体上缺乏灵活性。

▶▶ 4. 备用水平预算法

这种预算方法要求准备若干个不同水平的预算标准，如按通常水准上下各浮动 5%。中央行政机构则根据不同水平的预算方案，判别各单位业务人员的水平，对单位内项目优先次序和项目评价详情进行大致分类。

▶▶ 5. 公式计算预算法

此方法通常以在校人数及学时数为依据，总的事业费预算中分配到每个单位的相对份额会因公式变量的变化而变化。在这种方法下，具有同等要求的高等学校或项目可得到数额相近的资金。但也有人认为，如果在入学人数激增期间可以达到这项标准，那么在人数动荡不定或长期呈下降趋势时，它就难以维持了。另外，对于特殊的任务或短期需要，这种方法就无法适用了。

▶▶▶ 6. 合理预算法

高等教育系统中，除了中央和省市级的预算外，最普遍的还是高等学校一级的预算。随着教育改革的深入，我国的高等教育体制正在发生深刻的变革，高等学校的经费来源也由单一型向多元化发展，这无疑对高等学校的预算工作提出了新的挑战。过去主要是支出预算，一般只要入学人数和国家财政收入持续增加，高等教育传统的预算方法基本就可以满足大部分高等学校的需要。

（二）高等教育的会计与决算

在高等学校，会计是以货币为主要计量单位对学校的经济活动和预算执行过程及其结果进行反映、监督和管理的一种财务控制方式，它包括三个部分：第一，会计核算。根据学校的经济活动和预算执行过程及其结果，连续地进行记录和计算，并根据记录和计算的资料编制报表。第二，会计分析。根据会计账簿、会计报表及其他资料，对财务情况进行分析研究。第三，会计检查。根据会计凭证、账簿、报表和其他资料，对有关单位业务活动的合法性与合理性、会计核算资料的正确性和财政政策及财经纪律的执行情况进行检查。

会计的基本职能在于反映和监督一定范围内的资金使用情况。会计的任务主要包括：第一，根据有关法令和规定来编制并执行预算；第二，进行经济核算，加强现金管理，做好结算和核算，提高资金使用效益；第三，对高等学校的所有经济活动进行正确、完整、及时的记录，编制凭证，登记入账，上报会计报表。

高等学校的决算是执行预算的总结，是反映全校年度预算结算的书面报告。年度预算结束时，学校的财务活动便进入决算编制阶段。决算的编制一般分六个步骤：第一，拟定和下达编制决算的规定；第二，进行年终收支清理；第三，制定和颁发决算表格；第四，进行年终结账；第五，编制决算；第六，上报。

（三）高等教育的审计

高等教育的财务审计分为国家审计和部门审计，在必要的情况下，还有司法审计。在高等学校，审计工作是对会计账目进行检查，对有关的财政或财务收支活动情况进行监督的一种财务控制活动。审计主要对财务活动的五个方面做出判断：①合理性：审核检查的经济活动是否符合有关规章制度的要求。②合法性：指审核检查的经济活动是否符合国家的法律、政策、法令或条例。③合规性：指审核检查的经济活动是否在正常或特定的情景下应该发生，是否符合学校管理的原则。④有效性：指审核检查的经济活动有无经济效益。⑤真实性或公允性：指审核检查的经济活动的资料是否如实、适当地反映了它所要表现的经济活动。

审计按其内容和目的可分为以下两大类：财政财务审计与经济效益审计。前者是审核检查财政财务活动，目的是对这类活动的合规性、合法性做出判断；后者是以实现经济效益的程度和途径为审查内容，目的在于提高经济效益。

按照审计主体与被审单位之间的关系，审计又可分为外部审计与内部审计。外部审计是指由被审单位以外的国家审计机关、上级审计部门或民间审计组织进行的审计。内部审计是指由本校审计部门进行的审计。

国家对审计部门的各项任务做出详尽的规定，其中主要包括以下几个方面：①对财务收支计划、经费预算、经济合同等方面的执行情况进行监督。②对内部控制制度的健全、有效与否及执行情况进行监督检查。③对会计报表和决算的真实、正确、合规、合法情况进行审计并签署意见。④对严重违反财经法纪的行为进行专案审计。

第三章　高校教育管理的内容

第一节　大学生行为管理

行为是一个人的思想状态和精神面貌的外在表现。对大学生行为的必要规范和管理有助于良好校风、学风的形成，有利于青年学生优良品德和行为习惯的养成，对社会的安定与和谐、文明风尚的形成也有着重要的影响。

一、大学生行为管理概述

（一）大学生行为管理的内涵

"行为"一词在《现代汉语词典》中的解释是"受思想支配而表现出来的活动"。广义的行为是指生物的一切可以观察到的、具有适应环境性的活动。狭义的行为是指人由于环境等外部因素的影响和刺激，内在的心理和生理发生变化所形成的外在表现。人的行为是在先天遗传的基础上，经过后天学习表现出来的，具有积极适应环境和有创造性改造环境的特点。

行为管理是随着工业化进程加快和社会化大生产的发展，企业劳动及劳动力构成发生变化，一些国家经济危机及劳资双方矛盾加剧应运而生的。以泰勒为代表的古典管理学派只把人当作"经济人"，而忽视了人的因素。梅奥的"社会人"假设奠定了行为科学的理论基础，以人为出发点，尊重人的因素，根据"需要引起动机，动机支配行为"这一基本原理，从人的需要、欲望、动机、目的等心理因素的视角来研究人的行为规律。行为管理理论一直被广泛应用于组织管理中，为组织目标和组织效率的实现提供了理论支持。

（二）大学生行为管理的意义

对大学生行为的有效管理有利于促进校园、社会良好风气的形成，有利于青年学生优良品德的培养，是高校德育工作的重要内容，直接关系到大学生的全面成长成才与学校乃至整个社会的和谐稳定。

▶▶ 1. 大学生行为管理是新形势下实现学校人才培养目标的重要手段

大学生行为管理作为大学生管理的重要内容，对学生的基本行为具有强有力的约束和指导作用，对实现高校教育管理功能具有不可替代的意义。德国教育家赫尔巴特在《普通教育学》中指出："如果不坚强而温和地抓住管理的缰绳，任何功课的教学都是不可能的。"新时期大学生行为的管理与引导，是将管理与教育紧密结合，着眼于整体教育活动的健康有序进行和良好育人氛围的形成。因此，加强学生行为管理，形成科学、人本的管理秩序，直接关系到学校教育目标的实现，以及学校人才培养的质量。各高校必须将其作为高校整体教育工作中的重要环节，在实际工作中重点加强，扎实推进。

▶▶ 2. 大学生行为管理有利于引导学生树立自觉的理性意识，是实现学生道德发展的客观需要

大学阶段是青年学生个体成长的重要阶段，也是其理性意识逐渐成熟的阶段。在这一阶段，大学生的身心发展趋于成熟，但个体道德规范尚未稳固，其行为特征存在一定的盲目性和局限性，行为意识亟待引导规范。具体来说，引导学生逐步实现由"他律"向"自律"转化，需要通过管理、教育等外部规范手段来实现。大学生行为管理正是通过不断研究学生行为的新特征、新情况、新问题，有针对性地推动管理体制和管理机制的发展，引导学生树立对积极健康行为的正确认知，树立自我管理的理性意识，从而促进其自身的全面发展。

>>> 3. 大学生行为管理有利于健康和谐秩序的形成，是维护高校、社会稳定的重要保障

大学生行为管理的一项重要职责就是规范学生的日常行为，教育引导学生遵守学校纪律，促进健康和谐的校园环境与社会环境的形成。各高校通过有效的学生行为管理可以进一步形成良好的教育秩序，确保学校各项人才培养工作得以顺利开展。大学生最终要步入社会，他们的行为意识将会影响其今后的工作甚至整个人生阶段。重视行为管理，强化正确的行为意识，可以使其逐渐树立正确的道德规范，更好地服务社会，充分发挥自身的作用。与此同时，大学生作为特殊的社会群体，其意识、行为受到国家和社会的广泛关注，对整个社会群体的行为意识具有一定的导向作用。因此，加强对大学生行为的管理和引导，对于保障高校乃至社会稳定都具有重要的意义。

二、大学生学习行为管理

学习是学生的首要任务，大学生的学习行为直接影响自身的成长与发展。因此，加强大学生学习行为的管理和引导，能够帮助大学生培养积极的学习意识，掌握科学的学习方法，养成良好的学习习惯，为大学生的未来成长成才奠定良好的知识基础。

（一）大学生学习行为的类型与特点

《现代汉语词典》对"学习"的定义有两类，一是指从阅读、听讲、研究、实践中获得知识或技能；二是指效法。从学习的概念来看，广义的学习是指人和动物依赖经验来改变自身行为以适应环境的神经活动过程，它包括人的学习和动物的学习。狭义的学习是指人掌握人类社会经验的过程。

大学生学习行为是指大学生开展的一切和获取知识、技能等目的相关的活动中表现出来的行为。从本质来说，大学生的学习行为是对社会和自然的一个

认识过程，是从无知到有知、从知之不多到知之甚多、从对社会和自然的盲目性认识到自觉性认识的过程。

（二）大学生学习行为的管理与引导

近年来，随着社会的发展和高等教育改革的不断深化，大学生学习行为更趋于自主化、个性化，但也由此引发了一系列新的问题。如部分学生仍以应试动机为主导，学习行为缺乏主动性和创造性；还有学生盲目追求成绩，甚至出现考试作弊、论文剽窃等现象，并对学校和个人造成不良影响。因此，加强对大学生学习行为的管理和引导，帮助学生端正学习态度，明确学习目标，提升学习与创新能力，已成为当前大学生学习行为管理的当务之急。

➤➤ 1. 明确学习目标，激发大学生深层学习动机

学习动机与学习目标是紧密联系的，任何学习动机都是出于学习目标的需要。对于大学生的学习行为管理与引导，首要任务就是帮助学生树立科学的学习目标、强化学习行为的目标意识，进而形成科学的学习动机。具体来说，一是要引导学生充分理解个人需要与社会发展之间的关系，使其能够将个人需要与社会发展相结合，树立科学的学习成长目标。管理者要在具体工作中通过外在正面激励强化、职业发展辅导等方式，帮助大学生认识到只有树立明确的学习目标，才能在大学期间获得充分的发展。二是要充分激发学生的深层次学习动机。在当前大学生就业形势比较严峻的背景下，学生学习动机实用化、功利化具有一定合理性，但是学习行为的过分功利化，会逐渐导致学生失去学习的兴趣，甚至阻碍学生发展成才。各高校开展学习行为管理，要从每个大学生个体的自身特质和兴趣爱好出发，通过唤醒大学生内在的学习兴趣、激发求知欲，引导大学生正确认识学业发展，树立积极的学习期望，从而挖掘大学生的学习潜力，形成长期的学习动力。

▶▶ 2. 强化自主学习管理模式，提升大学生的自主学习能力

授人以鱼，莫若授人以渔。大学阶段的学习，传授知识固然重要，但更为关键的是培养大学生自主学习的能力，为其未来走上社会、终身学习奠定基础。一方面，要有针对性地客观分析大学生的内在素质，进而针对大学生的个性特点和发展需求，制定合理的阶段性学习规划，对大学生自主学习的方法进行指导，如建立自主学习规范、制定大学四年学习规划、完善自主学习制度等。另一方面，可以探索自主学习与小组学习相结合的方式，改变大学生习惯一个人单独学习而缺乏小组合作学习的状况，组织大学生进行合作学习，充分发挥集体智慧，促进大学生学习能力的提升。此外，各高校还要为大学生自主学习提供充足的资源和良好的环境，不断丰富完善图书馆、网络教学等公共学习资源，积极为大学生创造自主学习实践机会，让大学生在实践探索中不断强化自主学习意识，提升自主学习能力。

▶▶ 3. 建立科学长效的学习奖惩机制，营造良好的学习氛围

学习奖惩机制是国家和学校人才培养方向的具体体现，对学生学习行为有着直接的导向作用，是确保大学生学习行为健康发展的重要制度保障。一方面，各高校应以促进大学生全面发展为指向，本着正面激励为主的原则，构建科学长效的学习奖励机制。对综合素质较高、专业学习优异、特长突出的大学生给予一定的物质奖励和精神奖励，充分激发大学生内在的学习动力和学习的主动性，为大学生学习行为提供明确的发展导向。另一方面，各高校要切实加强学生学习行为的纪律规范，保障学校正常的教育教学管理秩序，加强校风学风建设，对于违反学校相关管理规定的学生，要严格、公正地纠正其不当的学习行为，要本着教育为本、严格规范的原则进行管理，建立警示、预防、处理等相关机制，严肃校风校纪，为大学生提供公平、公正的学习环境，营造诚信、踏实的求学风气。

三、大学生社会实践行为管理

现在，随着大学生社会实践活动的不断发展，大学生社会实践行为的管理已成为高校学生行为管理工作中一个重要的方面。

（一）大学生社会实践行为的类型与特点

大学生社会实践行为是指大学生按照高等教育目标要求，深入实际、深化教学、服务社会，促进自身全面发展的活动行为。大学生社会实践作为高校培养人、教育人的一种基本教育形式，通常以"受教育、长才干、做贡献"为目标，以学生亲历亲为的实践体验活动为载体，是高校课堂教学的重要延伸。

（二）大学生社会实践行为的管理与引导

》》1. 完善运行机制，充分调动大学生参与社会实践的积极性

一是要把社会实践作为学校教育教学活动的重要环节纳入整个教学体系，将社会实践作为人才培养过程中的重要环节。如引入学分制，督促大学生在完成实践活动后上报成果，对成绩合格者给予相应学分。二是建立健全保障和激励机制。如设立专项基金，用于解决大学生外出交通、住宿、参观等费用。对在社会实践活动中表现优异的大学生给予一定的物质与精神奖励，还可将社会实践作为参与评奖评优、保送研究生、推荐就业单位等的考核依据。三是建立考核评价机制。各高校应进一步健全社会实践活动的考评体系，设立科学的考核标准和考核办法，全方位、多角度、全程式对学生的实践活动给予评价。各高校对大学生的实践行为做出客观反馈的同时，还应促使大学生深入反思实践中的经验与不足。四是努力实现社会实践运行的基地化、项目化及社会化。具体来说，各高校可以加强与社会单位的联系，有计划地建立一批稳定的社会实践基地，以招标的形式确立实践项目，确保大学生实践活动的实效性。

▶▶ **2. 强化专业指导，确保大学生社会实践活动的科学开展**

各高校应结合实际，建立和完善校院（系）两级学生社会实践活动指导体系。在学校层面，管理者要设置专门的由学校分管领导在内、有关部门负责同志组成的大学生社会实践领导小组，加强高校社会实践的对内组织指导和对外联络沟通，建立科学规范的管理制度，保证社会实践有步骤、有计划地进行。在各院系层面，管理者应发挥院系的专业优势、整合社会资源，选拔一支优秀的指导教师队伍，为大学生社会实践活动提供专业指导，确保社会实践取得良好的效果。此外，各高校还要加强对大学生社会实践活动的理论研究，探索大学生实践行为的科学发展体系。

▶▶ **3. 加强示范宣传，进一步扩大社会实践活动效果的影响力**

在实践行为的全过程中开展示范宣传教育，对扩大社会实践活动及其效果的影响力，实现宣传、鼓励和教育的目的有着十分重要的作用。各高校可以利用多种方式，强化社会实践参与者与其他学生的交流互动，增强示范引导作用。一方面，各高校可选拔和培育示范性的社会实践团队和个人，提供更广阔的展示平台和发展空间。高校教育管理工作者要从学校层面支持大学生的社会实践行为，为其提供更大的展示平台。一是要积极开展评选活动，选拔出对大学生全面发展有积极作用和广泛影响的社会实践活动，给予适当奖励和宣传。二是要加强培育，根据学生的个性特质和兴趣方向组织开展社会实践活动，有意识地培育优秀的社会实践团体和个人。另一方面，各高校可多渠道宣传，提升社会实践的影响力，如通过网络、报纸、广播等多种形式宣传优秀社会实践活动的社会效益及在实践过程中的典型人物、事件、成果等，鼓励更多的大学生自主参与到社会实践活动中，在服务社会的过程中提升自身的素质，促使自身成长成才。

四、大学生交往行为管理

交往是社会群体对于个体的必然要求，也是个体具有的社会群体属性的内在需要。在当今社会，交往能力日益成为一个人的基本能力与综合素质的重要体现。因此，在新时期加强大学生交往行为的管理和引导，对于大学生正确进行人际交往、促进其自身全面发展具有重要意义。

（一）大学生交往行为的类型与特点

"交往"一词原意为"相互往来"，主要表现为人与人之间的相互关系。在不同的学科，对"交往"的内涵有着不同的认识。从哲学意义上看，交往就是指人所特有的相互往来关系的一种存在方式，是人与人之间为了实现改造世界的目的，通过客体中介而开展的相互对话、相互理解、相互影响、相互创造的各种交往实践和所形成的主体间关系。对于大学生而言，交往行为是其人际交往活动的具体体现。大学生交往是指在一定条件下，大学生与不同人群通过一定渠道进行情感交流、信息沟通、物质交换的过程。

（二）大学生交往行为的管理与引导

大学生处于渴望交往、渴望尊重的心理发展阶段。良好的人际交往能够有效促进大学生的社会化，提升大学生的综合素质，为其个性发展与完善创造有利的条件。一般来说，教育管理者可以通过交往观念引导、提高交往能力及解决交往过程中的冲突等来帮助大学生建立和谐健康的人际关系。

五、大学生消费行为管理

随着当前社会物质文化生活水平的显著提高，大学生的消费水平、消费方式、消费层次和消费观念发生了诸多新变化。目前从整体上看，多数大学生的消费行为较为理性,但是也出现了一些无计划消费、盲目攀比、奢侈浪费等问题。因此,关注大学生消费行为,引导他们树立正确的消费观念、提升大学生的理财能力,成为当前各高校大学生行为管理的重要课题。

(一) 大学生消费行为的类型与特点

随着社会消费水平的不断提高,大学生的消费行为也在不断变化。在满足基本生存需要的基础上,大学生消费内容逐渐多样化,消费观念日趋多元化,由此不免出现了一些不合理的消费行为。这就需要教育管理者正确认识和把握大学生消费行为的类型和特点,进行科学管理和引导。

➤➤ 1. 感性消费

大学生属于一个非常特殊的消费群体,他们没有经济来源,无法亲身体验到赚钱的辛苦,经济的非独立性决定了很多大学生在消费时,不能理性衡量商品价值以及消费价值,属于感性消费。

➤➤ 2. 盲目消费

盲目消费,简单理解就是为买而买。大部分大学生都还没有形成完整成熟的消费观念,自制能力较差,一旦受到媒体宣传引导或者身边同学的影响,很容易产生冲动消费。

➤➤ 3. 多样化消费

大学生活丰富多彩,当代大学生早就不满足于宿舍、教室、图书馆三点一线的单调生活,很多大学生会去旅游、去电影院消费。

(二) 大学生消费行为的管理与引导

消费从表面上看是个体行为,但是从更深层次看,大学生的消费心理、消费意识是一种精神文化现象，对于学校和社会风气的形成具有深远的影响。高等教育管理者应从以下三个方面对大学生消费行为进行管理和引导：

➤➤ 1. 进行分类教育，引导大学生树立正确的消费观念

高校教育管理者应该从大学生的消费观这一源头入手，培养学生勤俭节约、艰苦奋斗的价值观念。不同经济条件和年龄阶段的大学生，其消费行为存在一定差异。大学生管理者应加强分类教育，提升教育的针对性，引导大学生树立科学的消费观念。当前，在我国大学生群体中，消费水平差异日趋扩大，高等学校迫切需要针对不同层次的消费群体，开展针对性教育。对于家庭经济条件相对较好的学生，学校应倡导积极的消费文化，通过志愿服务、社会实践等途径锻炼这一部分大学生，使他们在实践中提升生活品位，树立追求丰富的精神生活的意识，引导其着眼于未来的发展型消费。针对经济条件相对较差的大学生，学校应该鼓励他们自强自立，为他们提供更多的勤工助学岗位，同时发挥榜样示范作用，在大学生中选取勤俭节约、逆境成才的典型，通过"身边人讲述身边事，身边事影响身边人"的形式引导大学生树立正确的消费观念。

➤➤ 2. 提供理财指导，提升大学生科学规划消费行为的能力

学会理财是大学生能够独立自主生活的重要条件之一，进行理财指导，其核心是引导教育大学生合理分配生活中的各种费用，发挥最大效益。高校教育管理者应从和学生生活息息相关的内容入手，帮助大学生形成科学的理财意识，鼓励他们更多地关注自主成长和职业发展的需要，增加发展型消费的比例。一方面，各高校应对大学生进行理财规划指导。引导大学生做好消费计划，量入为出，科学合理地消费，不盲目攀比，不超前消费。另一方面，各高校可引导大学生提升发展性消费比例。如开展消费行为认识活动、自我理财方法指导，帮助大学生正确分析自我消费需要的种类、层次，合理分配用于生存、享受和发展等方面的消费支出。也可以引导大学生根据自己的实际情况，

提升学习消费等发展性消费的比例，提高消费结构中的文化、教育含量，从而实现最大的消费效益，满足自身成长成才的需求。

▶▶▶ 3. 多渠道约束和监督大学生消费行为，形成教育合力

大学生的消费行为是大学生个人与环境交互作用的结果。虽然大学生消费具有较强的自主性，但学校内外的环境也会对其消费行为的方向和方式产生重要的影响，因此，各高校要整合学校内外的各种教育资源，多渠道引导大学生进行理性消费。政府及社会应营造健康向上的消费文化，为大学生理性消费创造条件，从舆论上反对拜金主义和享乐主义。大学生自身应充分发挥自我管理能力，通过制定消费行为准则等方式，对消费行为进行自我监督、自我约束，养成健康文明的行为方式和生活习惯。

六、大学生网络行为管理

从 20 世纪 90 年代开始，我国进入互联网普及和应用的快速增长期，这对人们的社会行为方式产生了深远的影响。大学生作为活跃的网民群体之一，其学习、生活和情感等领域的行为方式受到网络的深刻影响。因此，科学有效地开展大学生网络行为的管理与引导，已成为新时期高校德育工作的重要课题之一。

（一）大学生网络行为的类型与特点

大学生网络行为主要是指大学生作为网络用户的信息、交往、商务和娱乐等网上活动。新时期网络技术的快速发展满足了大学生的学习、生活和交往需要，大学生的网络行为具有鲜明的主体特征和时代特征，并将随着网络的发展不断变化。

（1）网络是大学生信息获取的主要平台。互联网的不断发展，网络信息的更新速度之快是无法比拟的，微博、微信等软件又使得这些信息更加贴近日常

生活，大学生身处大学校园，不出学校便知天下事，一个很重要的途径就是网络，很多学生利用手机网络看新闻、上微博，了解天下、身边事。

（2）上网行为用以打发时间，以娱乐为主。

（3）进行网络信息传播，张扬自我个性。大学生有足够的时间上网，又是未经世事的年轻人，对信息的传播及时又全面，在网上发表言论，既大胆又独到，充满创新性和时代感，处处体现着自我个性和满足感。

（4）上网时间不固定。大学生上网时间取决于上课时间安排和情绪变化，大多数学生是在课余时间上网。

（二）大学生网络行为的管理与引导

加强对大学生网络行为的管理和引导，帮助大学生提升个人网络综合素质，明确网络行为目标，规范网络行为方式，引导大学生网络行为朝着健康、科学、文明的方向发展，是新形势下高校教育管理工作者所面临的重要课题。

（1）大学校园应该充分发挥网络的积极作用。网络是大学生获取信息的主要来源，那么学校就应该利用网络发布正面权威的消息，增强学生所关心问题的透明度，使学生能够更多地了解学校，避免以讹传讹的不良影响。还要多开设网络公开课程，扩大其知识获取的能力，使大学生能够从网络上学习更多的知识，产生积极效用。

（2）大学应该制定网络管理的规章制度，采取有效措施规范学生上网行为。大学生具有很强的接受新鲜事物的能力，但是又缺乏自制力，因而学校应该有相应的措施引导大学生上网行为，比如开设互联网知识讲座等，帮助学生正确认识网络，区分良莠。另外还应该有相应的规章制度，规范大学生上网行为，比如限定上网时间等，用制度加以约束，帮助大学生养成良好的生活习惯。

（3）大学应净化网络环境，控制不良网络行为发生。大学生不良网络行为的发生其源头是不良网站或个人的教唆和引诱，大学校园应有专门的网络监管和过滤措施和人员，尽可能地保证网络环境的质量，例如针对网络上不良信息问题，学校应该从技术层面上进行控制、监管或删除，防治虚假、色情等信息进入校园网络，有效净化校园网络环境。

第二节　大学生群体组织管理

大学生群体组织是高校组织中的重要组成部分。对大学生群体组织的管理和规范有利于组织及组织成员特定目标的实现，有利于大学生自身能力素质的提升，对规范校园秩序、促进校园文化建设也有着十分重要的作用。

一、大学生群体组织管理概述

大学生组织作为一种学校教育组织，是大学生实现自主发展的主要途径，同时也是开展大学生思想教育的重要载体。研究大学生组织管理的内涵和特点是对其进行科学管理的基础和前提。

（一）大学生群体组织的内涵

《辞海》中，对"组织"的解释是"按照一定的目的、任务和形式加以编制""也指编制的集体"，是"组织的形式或组成部分之间的关系"。组织行为学将"组织"定义为"组织是为了达到个体和共同目标而一起工作的人的集合"。"组织之所以存在，是因为它能够满足人们日常生活和社会活动的种种需要"。管理学认为，"就组织特定的内涵而言，组织是按照一定的目的和形式而构建起来的社会集团"。组织"为了满足自身运作的要求，必须有共同的目标、共同的理想、共同的追求、共同的行为准则及相适应的机构和制度"。巴纳德将组织定义为"有意识地加以协调的两个或两个以上的人的活动或力量的协作系统"。归纳起来，大学生群体组织可界定为两个或两个以上具有某种相似特性的大学生为了实现一定的目标，按照某种特定的方式联系在一起开展活动的群体。

大学生群体组织的产生是大学生内在心理需要和教育目标、教育规律相互作用的结果。大学生内在心理需要主要体现在情感交往的需求、获得认同感的需求和实现自我发展的需求三个方面。一是情感交往的需求。大学期间，学生的交往需求比较迫切，渴望与他人交流，希望得到同龄人的关注以摆脱初入学时的孤独感，通过突破原有的个人生活、学习圈子，扩大视野，丰富自己的生活。因此大部分大学生十分积极地参加集体活动，这也是大学生群体组织形成的一个重要原因。二是获取认同感的需求。大学生希望能在学习、生活和交往等方面显示自己的才能，发挥自己的作用，得到社会和他人的认可。各高校学生组织通过开展各种比赛、表彰活动等，为大学生提供认识并实现自身价值的机会，从而满足大学生获取认同感的需要。三是大学生自我发展的需求。随着社会进程的加快，社会竞争越来越激烈，大学生从入学开始就意识到未来考研、就业的压力，这种危机意识使其自我提高的要求增强。大学生组织开展各类培训、竞赛的目的都是培养大学生的能力和素质。大学生通过参与活动可以锻炼自身的能力，提高自身的素质，实现自我发展。

大学生群体组织有多种分类方式。根据大学生群体组织的组织机构完整性和紧密性，可以把大学生群体组织分为正式群体组织和非正式群体组织；根据大学生群体组织存在的真实性，可以把大学生群体组织分为假设群体组织和实际群体组织；根据大学生群体组织的目标和性质，可以把大学生群体组织分为政治型群体组织、学习型群体组织和兴趣爱好型群体组织等。本书中我们选取正式群体组织、流动群体组织、虚拟群体组织和生活群体组织四类特定的学生群体组织进行深入探讨。

（二）大学生群体组织的特点

大学生群体组织是在高校这个特殊的环境背景下形成的青年人组织，和社会其他组织相比，有自己独特的活动目的、活动形式和组织文化。其特点主要体现在以下几个方面：

▶▶ 1. 相似性

大学生群体组织一般都是由年龄相仿的学生人群组成，他们在成长环境、思想、心理和目标上有一定的相似性。首先，大学生群体组织成员接受的教育程度相当，这就决定了他们具有相同或相似的认知水平和思维方式。其次，大学生群体组织成员处于同一个年龄段，思想、心理特点较为相似，在一些基本问题的认识上存在相似性。最后，大学生群体组织中的大多数成员有着相近的理想和目标，追求个人专业知识的丰富和综合能力的提高，追求良好的学习和工作、深造的机会。

▶▶ 2. 年轻化

同其他社会组织相比，大学生群体组织的成员大多处于青年期，精力充沛，思维活跃，加上大学生自身的逻辑思维、抽象思维能力逐渐提高，个人价值追求和个人能力提升的目的明确，在学习、生活等方面会表现得较为积极和活跃。但与此同时，年轻化也带来了发展过程中的不确定性。大学生正处于世界观、人生观、价值观确立的关键时期，受到社会多元价值观念和社会多种复杂问题的影响，表现出价值判断和情绪的不稳定性。加上大学生群体组织成员的流动性强，新成员带来新的思想观念和活力，影响和冲击着组织原有的行为体系，因此，大学生群体组织又具有不确定性。

▶▶ 3. 互动性

互动是指个人与个人、个人与群体、群体与群体之间通过信息传播而发生的相互依赖的社会交往活动，是指各种因素之间相互影响、相互促进、互为因果的作用和关系。大学生群体组织的一个重要特征就是互动交往。大学生组织成员的互动交往与其他社会组织的互动交往相比，既有相同点，也有不同点。其相同点在于，如果大学生组织成员之间不发生任何形式的互动，就不能产生关系，也就不可能形成组织。其不同点在于，大学生群体的交往互动具有全面性、深刻性等特征。大学生处于相对自由的环境中，社会关系相对简单，他们在学习、实践的过程中逐渐走到一起，交流、讨论，形成互动。大学生之间的接触和交往程度、交流内容涵盖大学生生活的各个方面，如学习探讨、思想沟通、娱乐休闲、工作交流、生活互助等。与社会其他组织相比，大学生群体组织的互动是更全面的互动。同时，大学生是大学校园活动的主体，是各类学生组织的组织者、管理者和参与者，在参与组织活动和管理团队的过程中，大学生彼此信任，细致分工，密切合作，因此，其交往和互动更为深刻。

▶▶ 4. 文化性

高校的文化建设在社会文化的发展中具有重要的引领作用。在这种背景下形成的大学生组织，其文化特征应是高品位、高知识含量的。大学生组织是由高学历成员组成的，他们学习科学知识，掌握科学技术，从知识层次上体现了大学生组织的高品位文化特征。同时，随着高校素质教育的推行，大学生提高自我素质的自觉性和主动性不断加强，聚合成高素质水平的大学生组织，这也体现了大学生组织的文化特征。

（三）大学生群体组织的管理

大学生群体组织管理是指高等学校的领导及管理人员为实现高等学校学生群体组织的培养及管理目标，按照国家的教育方针和各项政策法令，科学地、有计划地组织、指挥、协调群体组织内部的各种因素，包括人、物、时间、信息等，并对其进行预测、计划、反馈、监督。

管理行为是任何组织都不能或缺的。只有通过有效的管理，才能让个人及群体的活动得以协调进行，达到预期的目标。大学生群体组织管理工作是大学生管理工作的重要组成部分，是体现学校管理工作水平高低的重要标志。近年来，随着我国高等教育事业的不断进步，大学生群体组织的管理工作越来越受到重视。但是我们应该清醒地看到,随着大学生群体组织数量和组建形式的增多,在管理工作中不可避免地会存在一些不足,如管理者观念保守,缺乏对群体组织文化的认同;管理方法的改变滞后于信息手段的发展;管理机构不完善,对群体组织管理目标不明确;等等。面对这些新形势和新问题,大学生群体组织的管理工作者要与时俱进,不断更新管理观念,提升管理技能,努力实现学生群体组织管理工作的系统化、现代化、规范化和科学化,加强对大学生群体组织的思想教育管理,引导大学生群体组织树立正确的价值取向;创新大学生群体组织的行为管理,适应大学生群体组织行为的发展变化趋势;完善大学生群体组织的制度管理,引导大学生群体组织走向规范化;加强对大学生群体组织管理的研究,探讨使大学生群体组织的教育与管理工作更加科学化的途径等。

二、大学生正式群体管理

以党团组织和班级为基础的正式群体,是大学生融入校园生活的基本载体。要切实加强对党团组织和班级的引导和管理,并以此为基础帮助学生进一步坚定理想信念,形成健康文明的生活方式,提升情趣,增长才干。

(一) 大学生正式群体的内涵及特点

≫ 1. 大学生正式群体的内涵

大学生正式群体是大学校园内相对稳定的学生群体组织形式,主要包括学生党组织、学生团组织、班集体和学生会等群体。

学生党组织设立党总支、党支部、党小组等,高校学生党组织是党在高校的基层组织的重要组成部分,是党在高校保持战斗力的重要基础。

学生团组织在学校党委领导下开展工作,主要有团委、分团委、团总支、学生团支部等。学生团组织是联系青年学生的重要纽带和桥梁,是党的助手和后备军，是青年学生团员的忠实代表。团组织的性质决定了其在全面推进大学生素质教育、培养合格人才工作中肩负着责无旁贷的历史责任。

班集体作为学校教育教学的基本单位，是学生共同成长的重要组织，它以健全的组织形式对成员发挥着管理功能。班集体有明确的规章制度、有健全的管理机构，学生在现实生活中的许多问题都是通过班级来解决的。班集体作为高校在校学生的基本组织形式，还发挥着教育功能，具有强大的凝聚力，对班集体成员起着激励和约束的教育作用。良好的班风对每一位学生的价值观念、行为规范、学习风气等都有着潜移默化的引导作用。

高校的学生会组织是在学校党委领导和学校团委指导下的学生群众性组织，是全校学生利益的代表。学生会是联系和沟通学生与学校党政部门的重要桥梁和纽带，以营造良好的学术氛围、增强校园文化底蕴为工作重点，进行自我教育、自我管理和自我服务。同时，学生会还是学校有效开展校务管理、实现学校育人目标的重要力量。

▶▶ 2. 大学生正式群体的特点

大学生正式群体具有健全的组织机构、完备的组织制度，以及极强的凝聚力。正式群体是思想教育的重要载体和依靠力量，是沟通学校和大学生的桥梁和纽带。大学生正式群体具有以下特点：

（1）具有较强的方向性。大学生正式群体是为了完成某一特定功能而建立起来的，具有较强的方向性和目标性。例如，学生党团组织，承担着传播主流价值观及党的路线、方针、政策，有效贯彻党的政治主张、基本路线和基本纲领等政治任务。班级是为了完成大学学习功能而形成的群体，其基本功能是接受教育或学习。学生会是为了促进学生自我教育、自我管理、自我服务而统一建立的自治组织。因此，相对于其他群体来讲，正式群体的目标更加明确，方向性更强。

（2）具有较强的规范性。大学生正式群体基本属于"科层制"管理模式，即组织有极其严格的规章制度和等级制度，下级服从上级是基本的组织纪律，具有较强的规范性。学生党团组织要遵循党章、团章及学校基层党组织的相关规定和要求，在学校党委及其职能部门、校团委和院系党团组织的领导和指导下开展工作。班集体作为高校管理的基本单位，拥有健全的管理制度，规范着班级管理的各个基本环节和学生的基本行为。学生会虽具有一定的自治性，但直接接受党团组织的指导，具有严格的章程、科学的机构设置、明确的工作要求和严格的考核制度。较强的规范性确保了正式群体及时、有效地贯彻落实党的方针政策以及学校的制度规范和发展要求。

（3）具有较强的凝聚力。从行为科学角度看，凝聚力是指群体对成员的吸引力和成员之间的相互吸引力，既包括群体对其成员的吸引力，又包括成员对群体的向心力。大学生正式群体和群体成员之间也有着很深的感情和很强的凝聚力。班集体主要通过良好的班风和班级文化来凝聚人，其凝聚力体现在学生能够形成很强的集体主义观念。学生会主要通过和谐健康、积极向上的文化氛围和学生自我管理的有效实现凝聚人，其凝聚力体现在学生对学生会组织活动的认可与参与。

（4）具有较强的先进性。与其他组织不同，正式群体在选拔、考核、晋升学生干部时，都把学习成绩、工作能力及生活、学习作风作为其中的必要条件，学生干部的选拔、培养使得正式群体成为优秀学生会聚的组织团体。

（二）大学生正式群体的管理与引导

大学生正式群体是学校教育管理的基本单位，是学生思想教育的主要载体，对于正式群体的管理和引导要符合其自身特点，突出其思想教育功能，创新其教育管理手段，具体做法如下：

▶▶ 1. 以思想建设为核心，加强正式群体的先进性建设

加强正式群体的思想建设，主要是在正式群体中普及以社会主义核心价值

体系为主要内容的理论思想，加强正式群体对重要时政内容的深入了解，加深其对世界局势和国情社情的认识，提升成员的政治理论素养。加强正式群体思想建设的具体措施包括以下几点：一是通过理论学习增强正式群体的先进性。党团组织要定期开展政治理论学习，班级要通过班会等形式定期宣传党和国家的重大时事和政策，学生会要通过定期组织讲座，增强学生会干部的政治敏感度和政治鉴别力。二是通过制度建设保障正式群体的先进性。在加强正式群体思想建设的过程中，高校的教育管理者要强化全程监督和效果反馈，以保证思想建设目标的实现。同时，管理者要建立健全管理制度，如班级管理制度、学生会管理制度、财务管理制度、物品管理制度等，规范正式群体中学生的基本行为和管理的各个基本环节；要建立健全制度运行机制，将正式群体的发展纳入学校教育管理的环节中；建立健全正式群体的竞争和激励机制，如优秀学生干部评比、优秀党员、团员评比等；建立健全正式群体的考核和评价机制，如学生干部量化考核机制、学生干部职务晋升机制等。通过积极推进正式群体的制度建设，各高校可以提升管理效率，促进正式群体的健康发展。

▶▶ 2. 以学生自我教育为重点，充分发挥正式群体的朋辈效应

"朋辈效应"是指具有相同背景，或具有共同语言的人在一起分享信息、观念或行为技能，以实现教育目标的教育方法。朋辈之间鸿沟小，防御性低，共通性大，互助性高，具有先天的优势。由于正式群体中的核心成员大都是大学生，这为朋辈教育活动的开展奠定了坚实的基础。高校管理者在管理时应做到以下几点：一是重视正式群体中学生骨干人才的培养，强化典型示范作用。学生骨干在正式群体的管理中扮演着重要角色，他们处于大学生管理教育的第一线，是开展各种学生活动的策划者、组织者、实施者和参与者。学生骨干一般具有良好的群众基础，发挥着先锋模范作用，能够通过自身感染带动其他同学。高校教育管理工作者要善于发挥骨干群体的示范作用，积极创造普通学生与他们交流的机会，如组织先进事迹报告会、学习经

验交流会、表彰大会等活动，以骨干学生的先进思想和典型事迹引导学生，把社会对人才的要求转化为受教育者的自我要求，从而实现学生的自我教育。二是依托互助小组等组织形式，搭建朋辈间的交流互助平台。大学生处于同一个年龄段，彼此之间有很多共同语言，容易实现良好的沟通和互动。管理者可通过在班集体中设立学生干部、联络员等形式，搭建朋辈之间相互影响、彼此帮扶的桥梁，并以此为依托，提升群体成员自我认识、自我监督和自我评价的能力。

▶▶ 3. 以活动创新为导向，增强正式群体的生机活力

保持大学生正式群体的生机与活力是其持续发展的前提。各高校开展形式多样、内容丰富的创新性活动能够在激发大学生学习和生活热情的同时，增强正式群体的生机与活力。具体做法如下：一是创新组织管理模式。管理者应注重激发大学生的主体意识，培养大学生的综合素质能力，引导大学生改变以往依赖指导教师组织开展活动的方式，鼓励大学生根据专业特征和兴趣，自主选择、创新活动内容和活动形式，将传统"自上而下"强行推进，变为"自下而上"共同推进，充分发挥大学生的积极性和创造力。二是创新活动内容。开展活动是正式群体的主要行为方式之一，活动内容的创新有助于改善活动质量，实现活动目标。在开展活动的过程中，既传承经典又紧扣时代主题，选择新形势下的新内容是活动内容创新的重要方向。三是创新活动形式。管理者要始终坚持理论联系实际的原则，有意识地引导学生改变以往较为枯燥的带有强制性、约束性的活动形式，通过加强学习、广泛调研等方式积极探索、借鉴新型的活动组织形式，增强活动的新颖性，增加对大学生的吸引力和感染力。如开展学生党支部党史知识竞赛等。另外，管理者也要善于组织实践活动，引导大学生在实践中增长才干，进而带动正式群体的不断成熟和发展。

三、大学生流动群体管理

大学生流动群体是为满足大学生的多元文化生活需求而产生的大学生群体组织，它以学生社团为主体。加强对流动群体组织的引导和管理，在推动校园文化建设、提高大学生综合素质、引导大学生适应社会、促进大学生成才就业等方面发挥着重要作用。

（一）大学生流动群体的内涵及特点

▶▶ 1. 大学生流动群体的内涵及类型

大学生流动群体是指一种非正式群体，是广大同学依照共同的兴趣、爱好，自愿组成的开展文化、科技、体育、文艺等方面活动的群众团体。大学生流动群体自 20 世纪 80 年代初在大学校园内蓬勃兴起，在一定程度上满足了大学生在学习、生活、交往等方面的需要，在推动校园文化建设、优化成才环境、提升大学生素质等方面发挥了重要作用。从类型上来看，大学生流动群体是以学生社团为主体，以临时组建的项目型群体和老乡会等自由组织为补充的群体。

大学生社团可以分为不同的类型。按照活动开展形式和成员参与目的，可将社团大致分为理论学习型社团、学术科技型社团、兴趣爱好型社团、社会公益性社团等。理论学习型社团是以成员的理想信念、志向相同为基础而建立起来的社团，是以时事政治活动和政治理论学习为主的团体。这类社团聚集了大批品学兼优的学生，他们有共同的政治观点和政治态度，思想道德素质处在相同或相近的水平上。这类社团是大学生世界观、人生观、价值观教育的重要载体。学术科技型社团一方面是指围绕专业学习，进行学术研讨、学术交流的学生社团，通常以讲座、研讨会、组织比赛等形式开展活动，如英语俱乐部、文学社、普通话交流协会、读书交流协会、文化交流协会等。另一方面指以科技活动为纽带组建的社团，如计算机爱好者协会、电脑协会、计算机俱乐部等。兴趣爱好型社团是以学生兴趣爱好相同为基础，为满足学生发展的心理需要，丰富学生的课余文化生活而成立的社团，这类社团涵盖范围广泛，活动形式活泼，活动趣味性强，涉及文学、体育、文艺、语言、影视等多个方面，如记者团、书法协会、动漫协会、摄影协会、书画协会、武术协会等。现在一些"流行社团"也不断涌现，如美容协会、动感手机俱乐部等。社会公益性社团是指学生运用已掌握的知识和技能进行活动，主要以服务社会、承担社会责任、锻炼自我为目的，通常以操作性较强的实践活动为主要活动方式。这类社团成员能够自觉奉献社会，为社会弱势群体提供服务，在服务中培养爱国主义精神，体现人文关怀等。

项目型群体是指为了解决某一问题、完成某个任务而临时组建的短期团队群体，待问题解决、任务完成后，该群体便会解散。项目型群体同具体的项目目标直接联系。当今大学校园里存在的项目型群体主要有学生工作室、科研团队、创业团队等几种类型。

▶▶ 2. 大学生流动群体的特点

大学生流动群体是广大学生按照某一共同喜好而自愿组成的群众性团体。在其建设和发展过程中具有组建及运转的自主性、类型及内容的多样性、成员参与的广泛性及组织结构的松散性等特点。

（1）组建及运转的自主性。现代高等教育逐渐改变了过去重知识传授、轻能力培养，重课堂统一教学、轻课外知识拓宽的传统教育模式，强调尊重学生的个性发展，促进学生的全面发展，以适应市场经济对人才的多样化需求。在这种教育理念和教育模式下发展起来的流动组织，因充分尊重和体现大学生的主人翁意识，备受大学生的欢迎。大学生在组织的组建及运转中有较强的自主性，群体组织的负责人自愿承担发起和组建工作，承担着确定发展方向、内部管理和活动设计等方面的工作，大学生按照自愿原则加入组织，参与活动。学校和指导教师只负责宏观指导。以大学生社团为例，社团组织的成员皆是有着某一共同爱好的大学生，他们自愿加入组织，组织的日常活动完全是依据组织目标，由成员自行策划、组织和实施，具有高度自主性。这类组织有利于培养和激发大学生自我教育、自我管理、自我服务的意识和热情，有利于培养大学生的主人翁精神。

（2）类型及内容的多样性。网络时代信息技术的快速发展极大地拓宽了大学生获取知识和信息的渠道，使大学生对精神文化有了更高的需求。简单的"食堂—教室—宿舍"三点一线式大学生活模式已不能满足21世纪大学生的需求。大学生流动群体的产生和发展，使之呈现出活动类型多种多样、活动内容丰富多彩的特点。以社团为例，近年来，高校社团除了传统的体育、文艺、科技和社会公益等类型，还出现了如网络虚拟社团、跨校社团等新型社团。社团活动内容涉及政治理论学习、科学技术探索、文化娱乐体验、志愿服务开展、社会实践考察、创业技能提升等更多方面，社团的组织形式和活动方式也各有特色，既符合大学生的需求又新颖独特，充分体现出新时代流动群体的特点。不同类型、不同层次的活动在一定程度上满足了大学生求知和施展才能等多方面的需要。

（二）大学生流动群体的管理与引导

面对新时期的新挑战，进一步科学整合资源，加强和改进大学生流动群体的管理，科学有效地引导大学生流动群体的良性发展，不仅是适应高等教育改革发展和大力推进素质教育的迫切需要，也是新时期高校人才培养和校园文化建设面临的重要课题之一。

▶▶ 1. 科学管理、重点扶持，促进流动群体的可持续发展

为实现大学生流动群体的良性健康发展，各高校要运用科学的管理理论和方法，坚持管理与扶持相结合。对流动群体实施科学管理，可以从以下几个方面入手：一是要严把组织入口关。以学生社团为例，各高校可成立学校

社团联合会，充分发挥社团联合会的组织管理和服务功能。学生申请成立社团，首先要按照相应规定向社团联合会提出书面申请，明确提出社团的宗旨、章程、负责人等。社团联合会要严格审核各项资质、认真履行审批手续。二是要加强对负责人的管理。负责人是组织的领导核心，组织活动的方向、质量及目标的实现都与负责人的决策和影响紧密相关。各高校要选聘德才兼备的学生担任负责人，定期考核，有计划地组织培训，不断提高其政治素质和工作水平。三是要加强对活动的管理。为保证活动的质量，各高校可鼓励流动群体采用项目管理形式开展各项活动。这对鼓励学生积极参与活动、锻炼其能力和提高活动质量与效率，会发挥积极的作用。高校应该重视流动群体的积极作用，重视其建设和发展，并给予重点扶持。具体来说，各高校应一方面鼓励思想觉悟高、业务能力强的教师做流动群体的指导教师，另一方面要改善学生社团的办公条件和活动条件，添置必要设备和物资，通过组织的力量帮助学生社团解决实际困难，为学生社团工作的有效开展创造有利条件。

▶▶ 2. 提升格调、打造品牌，营造高品位的组织文化

组织文化通常是指一个组织在长期发展过程中将其成员凝聚结合在一起的行为方式、价值观念和道德规范的总和。与文化配合的管理才可称为卓越的管理。引导大学生流动群体营造高品位的组织文化是大学生教育管理工作的高层次要求。创建积极健康、高雅向上的组织有助于学生受到文化的感染和熏陶，更为明确地组织参与活动。引导大学生流动群体营造高品位的组织文化主要包括两方面的内容：一是结合学校传统，凝练形成特色组织文化。每所高校都有自己独特的建校背景和发展历史，也有着个性化的办学理念和育人目标，这是校园文化的基础。大学生流动群体组织文化的建设可以结合学校培养目标与办学特色，打造品牌活动，营造健康向上、积极进取的文化氛围。如师范类院校可依托以提升学生教师技能为目的而创办的社团开展教师技能大赛等活动。二

是树立精品意识，打造品牌群体组织。大学生流动群体要真正树立自己的品牌，通过提升成员素质、开展精品活动、加强舆论宣传等多方面来实现。各高校可打造一批如"三下乡"暑期社会实践等被广大学生熟知、具有传承性和现实意义的精品活动，进而促进组织品牌的形成。

▶▶3. 立足校园、面向社会，将流动群体打造成素质教育新平台

大学生流动群体是校园文化建设的重要力量，高校教育管理者可以充分利用流动群体自身的优势，立足校园、面向社会，打造素质教育新平台。一方面，管理者可引导大学生流动群体将活动开展与学生专业学习相结合。如大力开展与所学专业结合比较紧密的社团学术活动，促进学生专业学习，完善其知识结构，提高其专业素养。另一方面，管理者可指导学生社团等流动群体开展与日常学习生活相关的主题鲜明、内容丰富、形式多样的社会实践活动，使大学生在社会实践的过程中发挥理论的指导作用，及时发现自身的不足，同时又在实践中不断丰富和发展理论。如鼓励社团之间加强交流与合作，推出跨校际联合活动，实现社团的优势互补和资源共享，促进社团的发展，扩大高校学生社团的影响力。各高校还可以利用社会的广阔舞台和丰富资源来充实学生社团活动的内涵，达到从学校走向社会、服务社会的目的。此外，随着经济的全球化、国际互联网络的广泛应用，各高校要鼓励学生社团和世界各国高校学生社团加强联系，扩大社团的发展空间，通过交换信息、交流经验，展示中国高校学生社团的风采，同时学习国外社团的经验，促进自身的发展。

四、大学生虚拟群体管理

虚拟群体是以互联网的迅速发展为基础而出现并逐渐发展的群体类型。加强对虚拟群体的管理和引导，可以有效规范大学生群体的网络行为，开辟新的思想教育阵地，也是保障校园和谐稳定发展的重要体现。

（一）大学生虚拟群体的内涵及特点

➤➤ 1. 大学生虚拟群体的含义和类型

大学生虚拟群体是指发生在网络中的社会聚合，主要是以网络为平台，依托 QQ 群、微信群等形式形成的兴趣相同、思想相近的大学生群体组织。

随着信息技术的发展，计算机网络已逐渐成为当代大学生必不可少的交流工具，甚至已成为大学生的一种生活方式。越来越多的大学生通过互联网聚集、并形成规模，大学生网络虚拟群体不断发展壮大。目前，互联网上大学生虚拟群体的种类繁多，影响较大的包括以下几个类型：交流分享型网络虚拟群体，以交流交友为目的，实现协同合作、资源互惠，并常常延伸到现实社会；学习服务型网络虚拟群体，是一个学习型组织或志愿者团队，其成员花费大量的精力学习与挖掘具有价值的网络资源，并将这些资源共享到网络媒介上，供他人使用，为他人服务；劳动获利型网络虚拟群体，其重要标志是以互联网为平台，凭借自身的技术和信息等优势，付出劳动赚取酬劳，如替他人编写程序、制作软件等。

虚拟群体在大学生发展的过程中发挥着非常重要的作用。一方面，网络虚拟群体为大学生提供了崭新的交流场所，丰富了获取信息的渠道，并进一步满足了大学生的情感需求，对大学生的学习、人际交往及个性成长都有一定的积极促进作用。另一方面，网络虚拟群体的发展也带来了一些消极影响，虚拟的环境容易使大学生沉溺其中，使大学生在现实生活中的人际交往越来越困难，影响了大学生正常的学习、交往和生活。加强大学生网络虚拟的思想教育和管理已经引起国家和社会的高度重视。

➤➤ 2. 大学生虚拟群体的特点

以网络为平台的大学生虚拟群体是一种新兴的大学生群体组织。它是基于网络的虚拟性和开放性等特点形成的，除了具备大学生群体组织的基本特点外，还有其独有的特征。

（1）虚拟性。在网络平台上，尽管信息本身是确定的，但是网络信息海量和信息传递的超时空等特征，使得信息的传播目的、意义和情感并不清晰明了，具有虚拟性的特征。网络的这种虚拟性必定会反映到以网络为平台的大学生虚拟群体中，虚拟群体的成员在交往过程中经常以某种虚拟的形象和身份沟通、交流。群体成员的交往活动和一般社会行为相比，没有特定的物理实体和时空位置，这些都使得网络虚拟群体中人与人之间的关系不稳定，人际交往也因此存在潜在的不确定性。但是，网络群体的虚拟性却有助于沟通者的成就感体验，即人们都渴望在沟通中建立良好的人际关系，体会到或多或少的成就感。在虚拟的网络交往中，没有实际利益的竞争、没有生存压力，可以凭借自己特有的一类所长赢得组织成员的相互认可，一定程度上可以弥补激烈的社会竞争带来的人际挫折感。

（2）自由性。这是大学生虚拟群体的重要特征之一。作为一个自发的信息网络组织，虚拟群体本身不隶属于任何成员、任何机构，再加上校方的管理也不如对现实学生社团那么严格，网络组织有更多的自由度。但是，虚拟群体高度的自由性同时也造成了一些负面影响，由于目前网络中执行与监管力度不足，对大学生虚拟群体成员的行为的约束力不强，某些成员可能会通过虚拟群体传播不良信息，甚至进行违法犯罪活动等。这是大学生管理工作者在虚拟群体管理中必须重视的问题。

（3）开放性。网络的开放性、无中心性等特点决定了网络虚拟学生组织的组织结构更加扁平化，组织边界比较模糊，组织成员之间则更加平等。在这样的组织中，成员能够充分表达意愿、实施行为，现实生活中大学生之间人际关系的好坏、经济条件的差异和性别等因素都不影响其在虚拟群体中的交流与交往，平等、开放、独立、进取这些现代社会所要求的品质都在网络组织中得到充分体现。此外，由于网络组织可以不受时空等物理条件的限制，其成员不仅可以是在校生，也可以包括已经毕业的校友，甚至社会人士，这使得网络虚拟群体成员呈现一定的复杂性，为管理带来了一定的困难。

（二）大学生虚拟群体的管理与引导

▶▶ 1. 加强虚拟群体的网络管理

虚拟群体主要是以网络为平台聚合形成的群体组织，加强网络管理是做好大学生虚拟群体管理工作的一个重要内容，对大学生的健康发展和成长成才具有重要意义。高校教育管理者应从以下方面对虚拟群体进行管理：一是加强网络管理制度建设。如实施"实名上网"制度，通过网络后台动态管理虚拟群体的网络活动。建立和完善规范的上网用户日志记录留存、有害信息报告等制度，实现对网络行为的管理约束。二是做好校园网络上的有害信息专项清理整治工作，重点放在校内网站电子公告栏、留言板、聊天室等交互式栏目中。应实行"先审后发"制度，对网上有害信息进行全天检测，及时发现和删除各类有害信息，进行规范化的网络管理。三是把握虚拟群体发展动态，强化教育引导的及时性和针对性。高校学生管理工作者要善于运用多种手段和方式及时掌握虚拟群体的基本情况。除了在日常生活中了解学生的行为动态，学生管理工作者可以组织学生党员和学生干部，或者工作者本人以普通参与者的身份加入虚拟群体，及时了解虚拟群体的情况和信息，对可能发生的问题提前开展教育工作，对已经出现的情况做好控制工作。

▶▶ 2. 加强虚拟群体的现实教育

目前，虚拟群体受到的约束力较弱，部分虚拟群体成员会出现一些诸如信仰迷茫、道德观混乱、网络成瘾等问题。这些问题会直接映射到现实中，冲击大学生在现实生活中的思维方式和行为方式，影响其成长成才。虚拟群体的现实教育工作亟待加强。一方面，高校教育管理者应以活动为载体强化对虚拟群体成员的教育引导。如通过设计开展一些主题明确、形式多样、内容丰富的教育活动，引导虚拟群体成员坚持主流价值观念，内化社会道德规范，促进群体不断增强自我管理、自我约束的能力。另一方面，高校教育管理者应丰富和完善现实生活中大学生实体组织的功能。随着我国现代化建设的发展和社会的转型，大学生表现出多方面诉求，大学生实体组织某些功能的缺位使得部分群体的诉求得不到有效满足，这在一定程度上导致虚拟群体的产生。大学生实体组织应该提供适应和满足学生多种需求的平台，高校教育管理者应抓住学生的心理特征，完善组织职能，组织开展符合大学生实际需求的活动。这也是通过现实教育方式引导虚拟群体健康发展的重要途径之一。

▶▶ 3. 加强示范性网络群体组织的培育

高校教育管理者要打造以网络班级和网络社团为核心的一批思想先进、内容丰富、吸引力强、覆盖面广的示范性网络群体组织，通过开展优秀网络群体组织评选活动，选拔对校园文化建设和大学生成长成才等起到积极作用的网络班级和网络社团，选择有感染力、说服力的典型，深入挖掘、充分宣传，鼓励优秀网络群体组织引领和带动其他组织向着健康积极的方向发展。同时，学校应支持网络群体组织的建设，为优秀的网络班级和网络社团创造条件，提供更大的发展空间，促进其健康良性发展。

五、大学生生活群体管理

寝室是大学生群体在高校一个重要的学习、生活、交往的空间环境。从其功能来看，它是大学生进行思想文化交流的主要阵地之一。以寝室为主要载体的生活群体的构建和发展影响着每一名大学生，对生活群体进行有效的管理和引导，是大学生群体管理的一个重要方面。

（一）大学生生活群体的内涵及特点

▶▶ 1. 大学生生活群体的内涵

大学生生活群体，是以生活区域和范围划分的学生群体。生活群体是大学生入学时，根据院系、专业、年级、班级等条件自动生成的，可以按生活园区、公寓楼、楼层、寝室等划分。其中，寝室是生活群体的基本组织形式。目前高校学生大约有一半的时间是在寝室中度过的，有些班级、组织甚至将日常管理教育和娱乐活动也搬到寝室中来开展。学生寝室中的管理教育功能对学生确立正确的人生观、树立远大的理想具有十分重要的作用。

寝室是大学生日常生活和学习的主要场所，也是课堂之外进行学生管理的重要阵地，是学生集生活、休息、学习、能力培养、思想交流和信息沟通等功能为一体的综合性场所。可以说，寝室是大学生的"第一社会、第二家庭、第三课堂"。在寝室中，大学生不受外界约束，思想行为受本真意识的支配，天然情感和真实思想得以充分展示。当今大学生寝室的功能也已经从早期单纯提供住宿服务拓展到更多功能，比如培养学生良好的生活习惯、养成优秀的思想品质、提高与人交往的能力等。寝室成员之间探讨问题、获取信息、交流思想、开展健康有益的活动，已成为大学生学习生活的重要组成部分。

▶▶ 2. 大学生生活群体的特点

（1）以寝室为中心。学生寝室是大学生日常生活的主要区域，以生活园区、公寓楼、楼层等划分的生活群体都是以寝室为基本单位而形成的，并围绕寝室这一中心发挥其功能。一方面，寝室是大学生离开家庭后的新居所，寝室成员成为大学生最初和最基本的共同生活对象。进入大学，青年的生活圈由中学时期以班级或者小组为中心转为以寝室为中心，成员之间的关系由天南地北完全陌生变为同处一室朝夕相处。大学生进入高校后，通过军训期间的生活接触，寝室成员相互熟悉和了解的程度大于任何其他群体成员，再加上对周围环境的相对陌生，寝室成员自然成为大学生最初和最基本的共同生活对象。另一方面，大学生常以寝室为单位进行各种活动和交往。随着大学生的生活交际圈不断扩大，由于寝室内部成员的行为保持较高的一致性，使得寝室通常作为一个单位进行各种活动和与外界交往，这在大一、大二年级表现得尤为突出。大学生往往根据自己和寝室其他成员的需要，集体参与大学生活中的活动，比如"联谊寝室"、文体活动等。

（2）稳定性强。大学生生活群体的稳定性主要体现在三个方面：一是群体成员的构成上比较稳定。寝室成员自入学之日起，一般要共同生活到毕业，较少有人员的流动。在大学的学习生活中，寝室同学之间认识最早，接触最多，了解的时间最长，内容也最广泛，成为相对固定的群体。二是群体学习生活状态相对稳定。寝室原则上是根据学生学习和生活的需要所确定的，其成员在大学学习生活过程中，有共同的理想和相对一致的学习目标。同寝室大学生每天一同去教室上课、去图书馆读书，因此也具有相对一致和稳定的生活状态。三是群体成员关系相对简单。寝室中大多是由寝室长负责一些具体的事务，没有复杂的组织机构，也没有复杂的人际关系，不存在"等级""层次"等划分，寝室成员之间的关系一般变化不大。

（3）归属感强。生活在同一寝室的大学生由于朝夕相处，成员之间一般都会建立起一种经常、持续的互动关系，其交往程度更为深刻。寝室成员一般会受寝室文化影响，在无意识中将群体意识通过心理系统与自己固有的思维方式、价值观念和行为模式等发生交互作用，从而表现出相对一致的外部特征和行为方式。一般情况下，寝室成员面对的问题和困难基本一致，能够形成心理上的认同和归宿。群体成员大都互相帮助，在学习和生活中共同进步。

（二）大学生生活群体的管理与引导

大学生生活群体主要以寝室为中心。寝室在大学生养成良好生活习惯、形成优秀思想品质等方面起着重要的作用，需要高校教育管理者进行科学合理的管理和引导，具体来说，主要包括以下三个方面：

▶▶ 1. 以归属感提升为重点，提高生活群体的责任意识

归属感是指个体或集体对一件事物或现象的认同程度，并对这件事物或现象发生关联的密切程度。提升大学生对所处环境的归属感，有助于其形成良好的人际关系、乐观向上的精神状态和积极的学习态度。要使生活群体成员拥有良好的归属感，一是要培养成员热爱集体、乐于为集体奉献和关心他人的良好品质。有关的心理学研究证明，成员在群体内的社会关系越好，对环境的满意程度越高，在一起居住的时间越长，参与的活动越多，对群体的归属感也就越强。高校教育管理者应引导学生共同参与集体活动，加强学生彼此间的沟通与交流，促进成员之间团结协作，关爱互助，激发学生热爱寝室、关注集体、参与建设的热情。二是赋予学生自我管理的权利。高校教育管理者应鼓励大学生参与相关管理政策的制定与管理过程的监督，激发大学生参与管理的积极性，提高其自我管理能力，如以民主程序决定寝室自治章程、寝室生活规定等。

▶▶ 2. 以文化建设为载体，增强生活群体的能力素质

以寝室为主要载体，加强大学生生活群体的文化建设，对于大学生的成长成才，创造积极向上、健康文明、关爱互助、充满生机的学习和生活环境，具有重要的现实意义。一方面，各高校应加强文明寝室建设。各高校可通过加强学生宿舍管理，规范学生基本行为，引导学生养成文明生活习惯，树立当代大学生的良好风范和形象，为大学生营造良好的成长成才环境。在具体操作中，除硬件设施建设外，还包括软环境建设，如营造寝室独特的环境氛围，倡导文明健康的言行举止，消除寝室内不文明、不道德的现象等。另一方面，各高校可开展文化含量高的课余活动。如引导大学生在寝室成员间或寝室与寝室间开展以互助交流、文化学习、社会实践等为主要形式的文化、体育、科普、教育、娱乐、互助等活动，融思想性、教育性和娱乐性于一体，培养大学生形成认同及发展组织文化的意识。

▶▶▶ 3. 以制度建设为保障，促进生活群体良好行为习惯的养成

随着高校学分制教学改革和后勤管理服务社会化发展，科学化、规范化成为学生生活群体管理的发展趋势。在新时期管理工作中，建设系统、科学的管理制度对于促进大学生生活群体行为习惯的养成具有重要作用。各高校一要坚持"以学生为本"的制度建设理念，在制度制定过程中，尊重大学生的需要，鼓励大学生全面参与，积极采纳大学生意见，科学论证制度的合法性与合理性，保证制度在管理、服务中充分发挥教育功能。在制度执行过程中，各高校要尊重大学生的各项权利，尊重大学生的发展需求，保障大学生的合法利益。二是构建教育、管理、服务功能互相配合的制度体系，建立以寝室安全及卫生管理办法、定期查寝、寝室文明公约、学生轮流值日制度等体现学校教育和学生自我教育的制度；建立高校学生政工干部入住学生寝室制度，强化服务与管理的有效结合。各高校应结合自身实际，因地制宜，充分发挥制度规范在促进大学生生活群体良好行为习惯养成方面的保障作用。

第三节 大学生安全管理

安全管理是学校日常工作的基本组成部分，是做好教学科研工作、提高教育质量和维护教学秩序的基本前提和重要保障，是学校的基本责任。本节将从概述、内容、原则与策略等方面对大学生安全管理进行系统梳理，为做好大学生安全管理工作提供基本的认识、思路和方法。

一、大学生安全管理概述

做好大学生安全管理工作，首先要求我们对大学生安全管理有清晰的认识。与其他安全管理相比，大学生安全管理有其特定的内涵和意义。

（一）大学生安全管理的内涵

▶▶ 1. 大学生安全管理的含义

"安全"一词在《现代汉语词典》里有三层含义：第一，没有危险；第二，不受威胁；第三，不出事故。"无危则安，无缺则全"体现着人们在安全理解上的传统观念。安全是一个历史的范畴，具有时代特性。在不同时期和历史条件下，人们对安全有着不同的理解和要求。

大学生安全管理是指管理者根据社会的要求，针对大学生群体特点，有计划、有组织、有目的地对大学生实施安全教育及管理，妥善处理各类安全事故，以保障高校稳定和大学生安全，最终达到引导大学生全面健康成长的目的。大学生安全管理已由以往单纯地强调校园安全管理向以建立教育、管理和事故处理一体化的服务体系转变，逐步成为以培育安全理念、提高安全素养、增强安全技能、促进大学生的全面健康发展为目的的安全管理活动。

▶▶ 2. 大学生安全管理的特点

与其他安全管理相比，大学生安全管理具有以下特点：

第一，青年性。大学生安全管理的对象是青年大学生。因此，大学生安全管理是针对青年大学生的安全管理。当代大学生思想活跃，独立性强，有创新精神，对周围的事物，特别是新鲜的事物和知识反应迅速。同时，我们也应看到，大学生普遍存在安全意识淡薄、社会经验不足、防范能力较差等特点。大学生安全管理更加注重通过对青年大学生在校期间的日常学习、工作和生活的教育及管理，培养大学生正确的安全意识和良好的安全行为，在发挥青年大学生自身优点和长处的同时，帮助和引导大学生养成良好的安全行为习惯。大学生安全管理的青年性特征也体现在大学生安全管理的内容、形式、方法和途径上，随着青年大学生在不同时代、时期的特点而不断地创新和发展。

第二，群体性。大学生安全管理是对大学生学校生活这个特殊的群体性生活环境的管理，是对青年大学生这一同质性群体的管理，具有明显的群体性特征。学校通过加强对寝室、教室、实验室、图书馆等涉及学生学校生活各方面的常规安全管理，保障大学生在校期间的人身财产安全，维护学校正常的教学和生活秩序，有效地排除其他社会生活环境中的不良因素对大学生学校生活的干扰，为大学生创造良好的学校生活环境。

第三，教育性。大学生安全管理在对大学生学校生活进行常规安全管理的同时，也在对大学生进行安全方面的常能训练。少数大学生在日常生活中缺乏安全意识，缺乏基本的安全常识和技能，这给大学生学校生活及其他社会生活带来众多隐患，不利于大学生健康成长。管理本身也是一种教育，大学生安全管理是大学生积累日常生活经验的重要途径，是对大学生进行常能训练的重要内容。大学生安全管理要充分发挥其育人功能，以促进大学生全面健康成长。

大学生安全管理有以下四个方面的任务：一是宣传、贯彻国家安全管理工作的有关方针、政策、法律和法规。各高校应大力开展宣传教育活动，以校内外活动为有效载体，对大学生开展形式多样的安全政策和法律法规的教育，贯彻和落实国家安全工作精神，使大学生树立安全意识。二是开展安全教育。利用各种渠道对大学生开展安全常识教育和安全技能培训，使大学生了解日常安全防护知识，具备日常安全防范技能。同时，各高校应注重对大学生开展早期的职业安全教育，如结合专业特点，对大学生开展有针对性的职业安全教育和培训。三是进行日常安全管理。各高校要做好大学生日常安全管理工作，加强安全防范，维护正常的教学和生活秩序，保障大学生人身和财产的安全，维护校园安全稳定。四是安全事故的处理。各高校要建立健全规章制度，严格管理，明确责任，对出现的大学生安全事故进行及时、有效的调查和处理，做好应急预案，提高应急反应能力，控制事态发展，尽最大努力减少伤害和损失。

（二）大学生安全管理的意义

大学生安全管理对大学生、高校和社会都有十分重要的意义。做好大学生安全管理工作，关系到大学生自身的发展，关系到新时期高校的改革和发展，关系到社会的安定与和谐。

▶▶ 1. 大学生安全管理有利于大学生自身安全素质的提高

安全素质是人们完成某种任务所必需的基本条件和能力。良好的安全素质既包括掌握基本的安全知识和安全技能，又包括在安全知识和安全技能的基础上建立起来的安全意识和安全观念。大学生安全管理是提高大学生自身安全素质的有效途径。大学生安全管理是对大学生在校生活的管理，与大学生学习、生活紧密相连。各高校通过各种管理活动，对大学生开展安全教育和管理，有意识地培养其良好的安全行为规范，能够使大学生在参与活动中掌握相应的安全知识和技能，进而内化为自身的安全意识和观念，指导其行为实践。

▶▶ 2. 大学生安全管理有利于新时期高校的改革和发展

近年来，随着高校办学规模的不断扩大、招生人数的不断增多、多校区办学模式的形成，高校安全管理工作面临许多挑战。相对开放式的校区如何有效地管理，学生住宿相对分散如何及时排查安全隐患，学生交通安全如何保障等，是目前大学生安全管理工作面临的新挑战。因此，作为高校安全工作的一项重要内容，大学生安全管理是随着高校改革和发展而不断发展的，已成为新时期高校改革和发展的重要内容之一。只有正确对待和处理好大学生安全管理问题，才能保障高校改革和发展的顺利进行，才能及时解决高校改革和发展中出现的大学生安全管理方面的新情况和新问题，才能形成合力，不断提高服务大学生的能力和水平，促进大学生健康成长。总之，大学生安全管理是新时期高校改革和发展的必然要求，有着重要的理论和现实意义。

>> 3. 大学生安全管理有利于社会的安定与和谐

学校的健康发展和稳定对经济社会的稳定和发展具有重要的影响。在当前加快改革开放、全面建设小康社会的形势下，学校安全工作尤为重要。大学生安全管理作为高校安全工作的重要组成部分，承载着管理和育人的功能。加强大学生学校生活的管理，为大学生在校学习和生活提供一个良好的生活环境，有利于维护学校正常的教学生活秩序。对大学生安全事故的处理，特别是对涉及大学生的突发公共事件，如突发公共卫生事件、突发自然灾害、突发恐怖袭击等事件的应急管理和处理，有利于充分保障大学生的人身和财产安全，有利于高校稳定与发展，有利于社会的安定与和谐。

二、大学生安全管理的内容

大学生安全管理作为一项有计划、有组织、有目的的安全管理活动，包括日常的安全教育、安全管理及安全事故的处理等基本内容。与此同时，大学生安全管理应以防范涉及教育系统突发公共事件的发生为重点，高度重视对校园突发公共事件的预防与控制。

（一）大学生安全管理的基本内容

大学生安全管理的基本内容主要包括大学生安全教育、大学生日常安全管理和大学生安全事故处理三个方面。

>> 1. 大学生安全教育

安全教育作为安全管理的基本内容之一，是事故预防与控制的重要手段。安全教育是通过各种形式的教育和培训，努力提高人们的安全意识和安全技能，使人们学会从安全的视角观察问题和审视问题，用所学到的安全技能处理问题的教育活动。安全教育的内容非常广泛，一般来说，大学生安全教育包括安全知识教育和安全技能培训两部分。安全知识教育包括法律法规的教育、安全常识教育、早期职业安全教育及心理健康教育。安全技能培训包括日常安全防范技能培训和早期职业安全技能培训两部分。与系统的安全理论知识教育相比，安全技能培训针对性较强，注重实践环节，着眼于培养大学生的实际动手能力，它的主要目的是使大学生具备在某种特定的环境或条件下安全顺利地完成任务的能力。

▶▶ 2. 大学生日常安全管理

大学生日常安全管理是指对大学生在校期间的学习和生活过程中所涉及的安全问题进行的管理，主要包括人身安全管理、财产安全管理、消防安全管理、交通安全管理、社交安全管理、网络安全管理和卫生安全管理等。

（1）人身安全是大学生日常安全管理工作中的重要内容。大学生在校期间，威胁大学生人身安全、容易对大学生构成人身伤害的因素主要来自三个方面：一是人为因素造成的不法侵害，如打架斗殴、寻衅滋事、聚众闹事等；二是因不可抗力造成的人身伤害，主要指自然灾害，如地震、雷击、山体滑坡、泥石流等；三是因意外事故造成的伤害，如摔伤、溺水、撞伤等。在大学生日常安全管理工作中，各高校主要从以上三个方面着手开展大学生安全管理工作，规范大学生日常行为，防止滋扰事件、伤害事件、人身侵害事件的发生，做好安全事故的预防工作。同时，在大学生受到人身安全威胁时，及时对大学生进行帮助和处理，并如实向主管部门和领导汇报，以有效保护大学生的人身安全。

（2）财产安全是大学生日常安全管理的一项基本工作。财产保护一般分为自力的保护和他力的保护。自力的保护是指通过自己的力量，依靠所具备的安全防范知识和技能，对自己所拥有的合法财产采取措施进行保护。他力的保护是指根据国家法律规定，依靠国家执法机关实现对个人财产的保护。随着科技的普及，信息时代的到来，大学生中拥有手机、笔记本电脑的人数不断增多，在带来更好的交互性和可移动性的同时，校园手机、电脑丢失，特别是手提电脑被盗的现象明显增加。近年来，随着高校实行的校园一卡通制度，即图书卡、饭卡、超市购物卡功能于一体的校园卡的使用及高校为大学生统一办理的银行信用卡业务的普及，在给大学生带来便利的同时，因大学生自身保管不慎而丢失、被盗的现象也相应增多，往往给大学生带来不小的财产损失。因此，在财产安全管理过程中，各高校应充分利用安全管理活动，开展宣传和教育活动，引导和培养大学生增强自身财产安全保护的意识和能力。同时，着力从加强校园治安秩序、宿舍安全、公共场所安全等方面防止诸如抢劫、盗窃、诈骗等危害大学生财产安全的事件发生，加大打击力度，保障学生财产安全。

（3）消防安全是高校安全工作的重中之重。任何部门和个人都有预防火灾、维护消防安全的义务。校园是大学生活动的主要场所，在大学生安全管理工作中，必须做好校园安全防火工作。公共场所，如图书馆、教学楼、体育馆、食堂、实验室等的防火安全管理是大学生安全管理的重点。对这些校园公共场所的消防安全管理主要包括建立健全规章制度和硬件配套措施，实行定期检查、报告和评估制度，重点检查消防设施、指示标志、应急照明、安全出口、疏散通道是否符合国家有关标准，严防火灾的发生。在消防工作中，对大学生集中住宿的公寓、宿舍楼进行安全排查和管理，是大学生安全管理的重中之重，必须坚决制止违章用电、用火等行为，在教育的基础上，对违反消防安全规定的行为要进行严肃处理。

（4）交通安全在保护学生安全的工作中处于越来越重要的地位。随着高校办学规模扩大，校区面积的增大，校区和在校学生人数的增多，城市交通发展及后勤服务社会化等因素影响，大学生校内外交通安全事故呈现上升的态势。各高校应对大学生进行交通安全知识的宣传、教育和培训，明确责任和义务，帮助和引导大学生从重视校园交通安全、关爱自身和他人生命出发，遵守交通规则，避免和减少校园交通安全事故的发生。同时，高校安全管理部门应根据学校实际情况，制定切实可行的安全管理条例，严格执行规章制度，规范交通安全行为，从严管理校园交通秩序。

（5）社交安全问题越来越受到人们的关注。随着信息化时代的到来，大学生社会交往活动不断增多，影响大学生社会交往安全的因素也在不断增加。近年来，由于缺乏必要的社交安全知识，以在高校应届毕业生求职择业中出现的社交安全问题为代表的大学生社交安全问题越来越受到人们的关注。这就要求管理者在大学生日常安全管理工作中加强对大学生社交活动的规范和管理，在勤工助学、求职择业、社团活动、异性交往等社交活动中加强管理，规范和引导大学生社交行为，使其养成良好的社会交往习惯。

（6）网络安全变得越来越重要，不可忽视。随着互联网技术在我国的发展，我国的网民数量居世界第一。信息化、网络时代的到来，给人们的生活带来了很多便利。相应地，网络安全、网络行为问题也给人们带来无尽烦恼。大学生群体是我国网民的重要组成部分。他们利用网络搜集信息，学习知识，交流沟通，以更好地完成学业。也有少数大学生迷恋网吧、浏览不良信息、沉迷于游戏、聊天交友，受骗上当等问题时有发生，有的大学生甚至走上了犯罪道路。大学生日常安全管理工作必须高度重视大学生网络安全问题，管理者要加强网络监管，规范大学生的网络语言和网络行为，加强宣传教育，引导网络良好道德氛围的形成，坚决打击网络犯罪，维护高校网络安全。

（7）卫生安全管理不能松懈。卫生安全管理主要是指关系大学生学习生活的校园公共卫生安全及突发公共卫生事件的防控工作。卫生安全管理工作主要包括宣传、贯彻相关法律法规，对学校的公共卫生设施、餐饮设施、日常饮用水设施进行定期检查，保障校园公共卫生安全。同时，各高校要做好应急突发公共卫生事件的预防和控制工作。

3. 大学生安全事故处理

化解矛盾冲突，参与处理有关突发事件，维护校园安全和稳定，是高校辅导员的主要职责之一。大学生安全事故处理主要是针对在学校实施的教育教学活动或者学校组织的校内外实习实践活动中，及在学校负有管理责任的校舍、场地及其他教育教学设施和生活设施内发生的，造成在校学生人身伤害、财产损害等后果的安全事故的处理。安全事故发生后，保护大学生和学校的合法权益是大学生安全事故处理的主要目的和原则。

（二）大学生安全管理的重点工作

高等学校学生安全教育及管理应以预防为主。在对各类安全事故的预防工作中，尤其要防范涉及教育系统突发公共事件的发生。因此，对校园突发公共事件的预防与控制是大学生安全管理的重点工作。

随着高等教育的发展，影响高校安全的因素增多，各类突发公共事件时有发生。从高校安全工作的角度来说，突发公共事件是指突然发生，造成或可能造成重大人员伤亡和财产损失，影响高校稳定和大学生安全的突发公共安全紧急事件。与其他安全事件相比，突发公共事件具有涉及范围广、影响时间长、损失程度大的特点，严重影响着高校的稳定和大学生的安全。因此，预防和控制校园突发公共事件是大学生安全管理工作的重点。各高校应做好校园突发公共事件的防控工作，争取做到重心突出，以点带面，有效保障大学生的安全，促进其全面健康成长。

为建立和健全防范、指挥、处置各类突发公共事件的工作机制，进一步提高教育系统应对各类突发公共事件的能力，保障学校师生员工生命和财产安全，维护学校正常的教育教学秩序和社会稳定，依据《中华人民共和国突发事件应对法》《国家突发公共事件总体应急预案》《教育系统突发公共事件应急预案》等法律法规，教育部制定了有关应急预案，对于应急处置的主要原则、工作设置、主要职责、事件等级分类、相应措施及应急保障和善后处理等做出了明确的规定。

参与处理有关突发事件，维护校园安全和稳定是高校辅导员的主要工作职责之一。各高校做好教育系统突发公共事件的预防和控制工作，必须认真贯彻落实相关法律法规和有关规定，坚持"安全第一，预防为主，综合治理"的方针，以保障大学生生命财产安全为根本，以落实各类应急预案为基础，以提高预防和控制突发公共事件能力为重点，增强广大学生公共安全意识和防灾避险的能力，提高应急处置工作水平。通过全面加强应急管理工作，最大限度地降低突发公共事件发生的概率及其造成的人员伤亡和危害，维护高校的稳定和大学生的安全。首先，各高校应对各类突发公共事件风险隐患进行全面摸底排查，尤其是在容易引发重大突发事件的特殊时期和阶段，深入学生当中，了解和掌握他们的思想状况，掌握第一手思想动态信息，针对大学生关心的热点和焦点问题，及时进行教育和引导。同时，深入宿舍、教室、实验室、食堂、图书馆等大学生相对集中的公共活动场所，彻底排查公共安全隐患，以达到预防和控制的目的。其次，各高校应对大学生开展有针对性的公共安全知识和应急防护知识的教育和普及活动，通过课堂教学和课外实践活动，充分利用丰富多彩的校园文化活动，组织开展公共安全知识竞赛、公共安全活动月、公共安全讨论交流会和安全文艺演出、演讲比赛等形式，对大学生深入宣传学校各类应急预案，全面普及预防、避险、自救、互救、减灾等公共安全知识和技能。最后，各高校应加强日常安全管理工作，有效预防突发公共事件的发生，加强对大学生人身安全、财产安全、网络安全、卫生安全、社交安全、消防安全等方面的日常管理，维护正常的校园公共安全秩序，有效预防和控制校园突发公共事件的发生。

近年来，大学生身陷传销、外宿受伤害、女大学生上当受骗等事件多发。预防此类事件发生也是大学生安全管理的重点工作。在全国打击传销专项整治行动开展以来，各有关部门集中力量查处重点传销案件，广泛开展宣传教育，打击传销行动取得了阶段性成果。但是，由于种种原因，传销活动仍然存在，有些传销组织打着职业介绍、招聘兼职等幌子，不择手段地利诱欺骗高校大学生，大学生上当受骗、误入传销组织的情况时有发生，严重损害了大学生的身心健康。对于高校学生住宿的管理，各高校做出了巨大努力，如建章立制，进一步规范学生住宿管理工作，认真落实按班级住宿要求，严格校外住宿学生的教育和管理，对特殊原因在校外租房的学生，必须履行相关备案手续。但是，大学生未经学校同意，在校外租房导致受到伤害，人身和财产安全受到侵害的事件仍时有发生，受到学生家长和全社会的普遍关注。以交友、助学、求职、创业等活动为诱饵的针对女大学生的不法侵害事件也呈现出上升的态势。

有针对性地帮助大学生处理学习成才、择业交友、健康生活等方面的具体问题，是高校辅导员的主要工作职责之一。因此，在大学生安全管理工作中，辅导员必须对这类事件的发生开展相应的行之有效的措施。一是要贴近实际，贴近生活，贴近学生，定期开展对传销、外宿学生的调查和走访工作，了解真实的情况和问题，增强工作的责任感和紧迫感。二是要积极开展主题宣传教育活动，提高学生的防范意识和能力。三是要进一步加强对大学生的教育和管理，提高工作的针对性和实效性，防止传销等不法活动侵害大学生。

三、大学生安全管理的原则

大学生安全管理的原则是在大学生安全管理工作的实践中形成的，体现了大学生安全管理的客观规律，是大学生安全管理必须遵循的准则。大学生安全管理工作遵循的主要原则有保护学生原则、教育先行原则、明确责任原则和教管结合原则。

（一）保护学生原则

保护学生原则是指在大学生安全管理工作中，以学生为主体，依据大学生生活、学习和成长的需要，针对大学生的知识结构和年龄特点，开展安全教育和管理活动，保障大学生的人身安全和财产安全，促进大学生的健康成长。保护学生原则充分体现了高校以人为本的办学和管理理念。对大学生安全的保护要靠管理，这种安全管理不是消极、被动的管理，不是为了管理而管理、出了事故才管理，而是积极、主动的管理，是充分了解学生安全需要、针对大学生群体特点的管理。因此，贯彻保护学生原则，应注重研究群体与群体之间、群体与个体之间、个体与个体之间的关系。贯彻保护学生原则，应把个体教育与群体管理结合起来，在重视个体的主体地位，突出大学生安全管理对个体的教育职能的同时，注重发挥对群体的管理职能，并将两者有机地结合起来。同时，管理者还要充分发挥和调动大学生的主体性，使大学生充分认识大学生安全管理工作对自身发展的重要性，把外在的教育转化为大学生自身的个人安全意识，组织他们积极参加各种安全教育活动，实现自我教育和自我管理，并最终转化为自己的良好行为习惯。

（二）教育先行原则

教育先行原则就是在大学生安全管理中，注重发挥安全教育的预防作用，通过课堂教学和课外实习实践，利用各种宣传、教育活动，使大学生掌握安全知识和安全技能，明确安全管理的重要性，理解安全防范的重要意义，自觉地参与安全教育和管理活动。大学生安全管理工作要以预防为主，而做到预防为主，就必须以教育为先导，通过安全教育使大学生充分认识预防工作的目的和意义，以此来使大学生重视安全工作。在大学生安全管理工作中，管理者要认真贯彻落实教育先行原则，重视安全管理中的教育工作，使安全教育充分发挥其预防作用，帮助大学生树立正确的安全防范意识，掌握安全常识，具备安全防范技能。避免安全教育形式化、表面化。管理者还应从预防为主的安全管理工作重心出发，来理解教育先行原则，高度重视大学生安全教育工作，重视对大学生安全技能的培训，克服单纯注重安全知识教育而忽视安全技能培训和实习实践的思想和倾向。

（三）明确责任原则

明确责任原则是指在大学生安全管理中，建立健全岗位责任制，完善大学生安全管理的队伍建设，实行责任追究制度。贯彻明确责任原则，有利于调动各方面积极做好大学生安全管理工作，有利于建立大学生安全管理应急机制，有利于建立健全规章制度，加强队伍建设，实现严格管理。贯彻明确责任原则，能够在大学生安全管理中实现自上而下的合力，由主管部门牵头，各有关职能部门分工协作，积极配合，明确各自责任，具体组织实施安全教育和管理工作，使大学生安全管理工作制度化、法律化、长效化。贯彻明确责任原则，还能够把责任与权利结合起来，既明确了责任，又使各安全职能部门各负其责，做到责权分明。同时，各高校还应建立责任评估体系，确立考核指标体系，运用测量和统计分析等先进的方法，对实际效果进行科学的评估。

（四）教管结合原则

教管结合原则就是在大学生安全管理工作中，把安全教育与安全管理两个基本内容有机地结合起来，在充分发挥教育与管理各自作用的同时，使二者互为条件，相互补充。在安全管理实践中，往往会出现安全教育与管理脱节的现象，贯彻教管结合原则，有利于开展以预防为主的大学生安全教育工作，有利于教育和管理资源的充分利用，使之有机地结合起来，有利于安全管理水平的不断提高。作为教育主体的安全教育和管理工作者，应不断提高自己的安全教育水平，以及安全管理的整体能力，以更好地贯彻和落实教管结合原则。同时，各高校还要把握教管结合的工作重心问题，根据不同的时间和地点、不同的工作对象、不同的任务和内容来调整教育与管理的工作，做到相互结合，互为补充。

第四章　我国高等教育学生管理体制创新策略

第一节　未来高等教育在校大学生的特征

高校学生管理的目标是促进学生发展，同时包含教育、管理、服务职能。各高校在未来学生管理过程中要坚持以人为本，充分发挥高校学生管理的育人功能，注重大学生的思想品德素养，促进大学生自主发展，采用服务型行政事务管理方法，满足大学生的合理需求。高校学生管理者在学生管理过程中只起辅导的作用，应充分体现大学生的主体地位，发挥大学生的自我管理能力。

一、个人自主意识彰显

随着社会经济利益分配沿着竞争规律流动，市场经济的一个突出特点是按照市场法则平等竞争。社会政策对个人利益表示承认和肯定。因此，市场经济不仅从经济上要求独立个人的形成，而且在观念上要求强化人的主体意识。

当前以及未来的高校学生处于市场经济这一大环境，其首先应具有较强的自主意识。这种自主意识一方面表现为对自身价值、自我尊严的追求，另一方面表现为自我意识、民主意识、平等意识等新观念的蓬勃兴起。随着就业市场的竞争日趋激烈，自立、竞争、公平、效率等时代意识日益强烈，高校学生更加注重自我完善，表现出对新知识以及新技能的强烈求知欲。越来越多的高校学生开始积极思考并明确自身价值，确定人生坐标，以最大限度地实现自我价值。

二、注重个人创新意识培养

未来的高校学生首先具有较强的自主意识，其次注重个人创新意识的培养。创新是一个民族进步的灵魂，是一个国家兴旺发达的不竭动力。在知识经济的时代，知识质与量的不断更新与增加，使技术革命成果不断涌现，高等教育必须把重视创新精神、注重实践能力、突出个性特色的人才培养作为未来工作的重要目标。

随着我国不断推进经济发展方式的转型，致力于将我国建设成创新型国家，而这需要大量的创新人才。高校学生对事物所持有的兴趣与好奇心是培养大学生创新意识与创新精神的前提条件，要激发大学生的学习兴趣和好奇心，高校在学生管理过程中应做到以下四点：①营造利于高校学生独立思考、自由探索、勇于创新的良好校园氛围，尊重高校学生的个人选择，善于挖掘高校学生的个人潜力，鼓励高校学生个性发展、自主发展。②建立有利于选拔创新人才的制度。③制定评价创新人才标准。④制定灵活多样的课程选修制度，给予高校学生条件支持，开展国际合作等，从而培养具有创新精神和创造能力的人才。

第二节　我国高校学生管理专业化取向体制

一、高校学生管理工作概述

高校学生管理工作既是职业的一种类别，也是高校教育中的一项基本任务。

高校的主要任务是培养高素质、高技能的人才，以满足社会发展对人才的需求，为国家的发展建设培养接班人。高校对人才的培养不仅是专业知识和技能的传授，还包括对学生的适应能力、人格形成、道德建设等多方面素质的培养。高校学生管理不仅为高校教学服务，更对学生形成正确的道德观、价值观、人生观具有重要的作用。我国的高校学生管理工作经历了长时间的探索和发展，在管理体系、管理理念、管理方式和人员配备方面日趋成熟。

高校学生管理是一门具有很强实践性的学科，它将教育学、管理学、心理学等多种学科加以融合，具有综合性特点。随着教育改革的持续推进，高校学生管理工作不断探索、不断发展，已从重单方面的强制性的说教、灌输模式逐渐向以人为本、服务化和制度化的方向转变。高校学生管理工作涵盖范围广泛，以引导学生思想的正向发展、为学生生活需要服务、指导学生就业发展、对学生进行心理健康的维护等为工作内容。

长期以来，国内高校并没有将学生管理工作作为一个单独的学科，高校的行政化管理机制使工作在一线的学生管理从业人员仅成为管理工作的执行者，管理实权和自由决策力的缺乏使其并不属于真正意义上的学生管理。这一点，国内与国外高校学生管理方面存在较大的差异。我国要从根本上提高高校学生管理工作水平，就应该与国际接轨，走科学化发展的路线，既要有明确的管理目标、完善的管理体系、正确的管理理念，还要有高素质的管理人员。建立职业化、专业化、高素质的高校管理工作人员队伍，对于高校人才的培养具有重要的意义。

二、高校学生管理走专业化发展道路的必要性

高等教育是国家人才培养的重要行业，为社会各行各业的发展培养专门的人才，是国家发展的主要推动者。任何一个行业的发展，都是从不成熟到成熟再到专业化的过程，每一种行业分工最终的发展趋势都是具体化、专业化。

（一）职业发展的专业化

职业发展的专业化，无论对于从业者本身的发展，还是整个行业的发展都具有非常重要的意义。学生管理的专业化是将学生管理工作作为一个专门的学科类别，同会计、法律、金融等专业一样，具有更强的专业性。从业人员也同其他从事专门性职业的群体一样，具有更专业的知识素养，为社会培养本行业的专门人才。现今，我国高校学生管理工作对管理和被管理两方来说，是服务

与被服务的关系，强调的是双方之间的互动性。学生是服务的主体，占据着主动的地位。为了满足对新一代大学生的管理需要，高校学生管理者必须了解现代大学生的心理特点，用更加专业的知识和理论，采取更加专业的管理方法，做好现代高校学生的管理工作。

（二）培养实践性和业务性强的职业素养

传统观念认为，高校学生管理工作者不需要像高校中的专业教师那样具有高学历、高知识储备。但从本质上来说，高校学生管理工作是集教育学、管理学、心理学于一体的综合性学科，其专业性强，专业要求高，从事学生管理工作的人员在专业素质方面的要求更高。高校学生管理者要具备丰富的实践经验，不仅具有教育学、管理学、心理学等学科理论知识的储备，还要具有能够亲力亲为指导学生的社会实践工作、学生的日常学习、学生的心理健康、学生学习生涯的规划、各种专业特色研讨会的开展、学生活动的组织以及学生就业指导等实践性强和业务性强的职业素养。

（三）为高校教育事业服务

目前，国内部分学生管理工作从业人员素质良莠不齐，理论知识储备欠缺，专业化程度低，而且执行行政式指令的工作模式导致其工作缺乏针对性，学生管理工作缺乏完善的管理体系和有效的管理制度，人员流动性大，学生管理工作没有取得太大实效。因此，学生管理只有走专业化发展道路，才能从根本上提高学生管理工作的质量，为高等教育事业服务。

三、高校学生管理工作专业化理念的建立

随着高校教育改革的深化，我国高校学生管理工作已经呈现出专业化的发展趋势。职业经过分化和发展，必然形成专业，从而形成强调专业知识和技能的职业。

（一）职业分类的角度

专业是指群体经过专门的教育学习和训练，具有高深的、独特的专门知识和技术，按照一定标准进行职业活动，从而解决人生和社会问题，促进社会进步并获得相应报酬待遇和社会地位的专门职业。目前，我国的高校学生管理工作已经符合职业专业化的标准。

（二）社会的角度

随着学校管理学知识体系的日益完善，国内许多在高等院校高校管理中已经开始形成自己的管理模式。另外，各高校内部对学生管理工作从业人员的知识技能已经有了一定的要求和标准，各高校越来越重视学生管理工作从业人员的业务培训。从社会角度来看，高校管理在社会中已经成为一个职业存在。

（三）专业发展的维度

作为高校教育管理专业人员，获得系统而明确的专业理论知识是专业发展的又一重要维度。高校管理的教育性、综合性与复杂性要求高校学生管理者更应具有符合教育者、领导者和管理者角色要求的知识结构。专业伦理是高校学生管理工作专业最根本、最直接的体现，包括从业者的职业道德、行为规范以及高校学生管理者的专业态度和动机，而专业态度和动机又是其专业特征形成和发展的动力和基础。自我专业发展意识是保证高校学生管理者不断自觉地促进自我专业发展的内在主观动力。

四、高校学生管理工作专业化的制度保障

高校学生管理工作受多方面因素的影响和制约。学生管理工作制度不仅是高校学生管理工作中重要的影响因素之一，而且是开展学生管理工作的基础，

为学生管理工作的贯彻落实提供制度支撑和保障。各高校不但要加强硬件方面的建设，努力提升学生管理工作的实用价值和实际效果，还要建立健全学生管理工作制度，为学生管理工作的开展提供有力的制度保障。

（一）以制度形式明确学生管理工作的地位

高校出台的一系列制度、规则或者年度工作规划中要明确学生管理工作的地位，不仅为学生管理工作提供制度保证，还要划拨一定额度的配套服务经费，在经济上给予支持，从制度和财力、物力等方面为学生管理工作的有效、健康发展提供支持和保障。随着教育改革的推进，高校学生管理工作应该与时俱进，根据形势的变化及时做出调整，使其与社会和教育的发展相适应。因此，明确学生管理工作在学校总体工作中的地位，遵循学生管理工作的服务宗旨，建立健全相关人员准入、考核、评比机制对提高高校学生管理工作十分重要。

（二）以制度形式确保学生管理工作岗位的职业化

高校学生管理工作内容包括对学生进行思想政治的管理、心理健康的管理、为学生就业提供指导、进行法律法规教育、进行学生社会实践管理等。这些工作细化到学生管理工作的各个部门。各部门应该建立明确的制度和规则，为管理工作的执行提供保障，确保岗位工作人员具有过硬的专业知识和专业技能。

（三）采用艺术性学生管理模式、制度激励创新

高校学生管理工作的主要对象为大学生。大学生是青年群体中的典型，具有自身的特殊性。在大学生群体中工作，为他们提供服务，对各种事件处理的好坏直接对大学生人格的形成和社会认知以及人际关系的培养有着重要影响。因此，艺术化学生管理培养模式可以使学生在接受学校管理工作的过程中发自内心地认可，将教育管理深入学生内心，使学生在社会交往的层面上得到正确的认知，这是学生管理工作的意义所在。

各高校可以制度化的形式采取适度的激励，使工作表现优秀学生管理工作人员受到认可和鼓励，激发工作人员的积极性，对工作更有兴趣，勇于创新，从而在整体上提高学生管理工作的质量。

综上所述，高校学生管理工作的职业化强调高校学生管理工作是一个独立的社会职业，而高校学生管理工作的专业化则要求提高高校学生管理工作从业人员的专业水平。高校学生管理工作专业化，可以进一步发展高校学生管理工作的专业精神、专业知识和专业能力，提高高校学生管理者的专业水平。

第三节　我国高校学生管理人本化取向体制

教育的发展、管理制度建设的出发点就是要把学生的根本利益和发展放在首位，真正将以人为本的科学发展观运用到具体的教育管理实践中。针对目前高校学生管理制度人本化缺失的问题，各高校首先要从建构人性化制度着手，从促进学生全面发展的角度出发，坚定"以生为本"的信念，赋予高校学生应有的权利，并建立健全柔性管理机制，加强高校人本化学生管理工作，以满足当今高校学生管理制度的需求，并弥补制度的不足。

一、坚持"以生为本"的管理理念

建构人本化高校学生管理制度，转变传统的高校学生管理思维，树立"以生为本"的管理理念，实现学生的全面发展是现代高等教育的出发点和落脚点。实现高校学生人本化管理制度是探索符合高校学生心理行为新特点的管理模式，是做好高校学生管理的基础和有效途径。"以生为本"是人本化管理的基础理念。"以生为本"最简单的理解就是"把满足学生的需求作为学生工作的目标和核心"。"以生为本"应以满足学生需求、促进学生发展、实现学生价值为本。

各高校应做到以学生为先，把学生的培养放在高校一切工作的首要位置；

以学生为重，不能因为科研工作、国际交流、教学质量等忽视学生管理工作；以学生为主，不仅充分尊重学生的主体地位，而且要在管理中以学生为主，促进学生自我教育；以学生为荣，把培养高素质的学生和学生取得的荣誉看作各项工作最大的成绩。随着教育的发展、管理制度的改革，高校学生管理的出发点更要把学生的根本利益和发展放在首要位置，真正将以人为本的科学发展观运用到具体的教育管理实践中。

（一）坚持"以生为本"，构建生本位思维

长期以来，在高校学生管理工作中，管理者和学生这两个主体之间处于一种不平等的地位，高校往往把学生管理工作看成高校工作的一个环节，从学校利益衡量学生的管理。相比之下，这种做法忽略了学生主体的需求，严重束缚了学生的自我意识、独立意识和主人翁意识的形成。

"以生为本"的管理理念，要求学生管理工作者打破传统的"以师为本"或"以校为本"的管理理念，充分认清"我是谁""管理依靠谁""管理为了谁"的问题。高校学生管理者要从学生管理工作的实际、学生这个核心群体的实际出发，考虑主体的根本需要，针对学生的特点，尊重学生的权利，侧重发挥激励引导作用，特别是在保护学生合法权利上，不能以片面的集体主义牺牲学生的合法权利，提高对每个学生个体的重视程度，使学生获得全面个性的可持续发展，使国家与学校的人才培养目标和学生的成长需求相结合，从而使个体与集体利益得到真正的统一。

（二）坚持"以生为本"，凸显管理型服务

现代高校管理理念普遍认为，对学生的管理实际上都是为学生的成长和发展而服务的。学生在发展过程中需要什么样的管理，高校就应当把这种管理作为一种服务提供给学生，而不是把这种管理当作一种资本凌驾于学生之上。这种服务型管理理念把管理学生、教育学生和服务学生三者有机结合起来，特别

是要凸显管理服务于学生的理念。

在管理制度建设、规章制度的定制上，管理者在管理实践和实施上都要摆正自己的位置，树立管理服务而不是服务管理的意识，彻底改变过去片面强调学生对整体社会的价值义务，把学生的主体价值放在社会整体价值之内，充分满足学生的生存和发展需求，促进学生个人价值实现和集体价值实现的有机统一。这既是现代教育的发展趋势，也是新形势下实现管理型服务的现实需求。

(三) 坚持"以生为本"，彰显个性化发展

由于内外环境的多样化，学生个体之间必然存在不同程度的差异，并且这种差异很难随着主观意志的转移而转移。"以生为本"就是要承认并尊重学生的个体差别和个性差异，顺应学生的身心发展规律，因人而异，因材施教。高校学生是具有独立思考能力的个体，是充满朝气和活力的个体，同时这个群体也引起社会各界的高度重视并寄予厚望，因此在尊重学生个性差异的基础上，我们还要从整个国家和民族的高度，对学生进行引导、规范和管理。

从内外成长环境上看，学生在个人认知和性格特点上都存在差异，因此，各高校在注重学生差异化的基础上，还要对学生个人的成长道路、思想道德等进行有针对性的引导，在学习和生活中，要让每个学生的思想都能在群体中闪光，并不强调大家的思想高度一致。强调思想一致对一所大学的管理是非常不利的，不同甚至对立的思想互相碰撞，这样的大学才是一所有创新机制的大学。

二、更新优化学生管理制度体系

(一) 制度伦理化与伦理制度化

制度伦理化和伦理制度化都属于制度伦理研究的范畴。制度伦理化是指社会体制的道德性，表现为内在于一定体制的制度、法律、法规、政策、条例等所分配权利和义务的公平性和合理性。伦理制度化是指人们把一定社会的伦理

原则和道德要求提升，规定为制度，并强调伦理的制度化、规范化和法律化。无论是制度的伦理化还是伦理的制度化，对实现当代高校学生管理制度体系都有理论意义和指导意义。

制度伦理化与伦理制度化是密切制度与伦理之间关系的两种不同思维路向，前者重在对制度本身进行道德上的评判和矫正，通过内容的建构促使伦理原则和道德观念在制度中的渗透与落实；后者强调将某种社会倡导、公众认可的道德规范转变成为具有强制效力的制度。两者在管理秩序的重整与道德建设中发挥着各自不同的功能。在构建人本化高校学生管理过程中，制度的伦理化更应成为制度优化、创新的首要选择。制度应该伦理化，不合乎伦理的制度是没有生命力的。同时，伦理也应该制度化，符合人们广泛认同的道德标准和审美取向的伦理通过制度化以后，更有利于其发挥作用。

（二）更新学生管理制度体系建设理念

学生是高校工作的主体，是高校服务的对象，高校的责任和义务就是帮助学生实现全面发展。现行的高校学生管理在理念和应用中存在违背甚至超越伦理的现象，而部分符合伦理的却还未形成制度。当前，高校正处于全面改革的阶段，高校学生管理要坚持制度的伦理化、伦理制度化的"两手抓"，对不符合伦理规范的制度进行及时调整，补充符合伦理规范的新制度，这本身就是一种创新。高校更新学生管理制度体系建设理念，可以从以下几个方面入手：

▶▶ 1. 融入文化管理机制

在高校学生管理实践中，全面提高学生的自我约束能力和理性自主能力是高校管理发展永恒的追求。人类的基本行为是由文化来决定的，由于文化的变化很大，所以对人性唯一正确的判断是它的可塑性很大。人与文化的关系是密不可分的，文化可以塑造人、引导人、管理人。高校人本化学生管理就是要突出学生在学习和生活中的主动性、主体性和自觉意识。高校管理文化不仅包含育人理念、学术发展空间、办学特色等要素，也包含管理人员所形成的管理文化，每一种文化的形成都是多种文化主体互相协调、作用而成的。高校人本化学生管理最重要的目的是唤起学生的文化自觉性，用优秀的文化潜移默化地影响学生的行为，最终形成文化管理。

▶▶ 2. 建立柔性化管理机制

传统的高校学生管理理念强调的是对大学生的思想和行为进行严格的要求和规范，强制性特征明显，学生管理部门和管理者往往对学生采取"压"的硬管理方式，导致管理者和被管理者在情绪方面的对立。因此，高校学生管理要把传统的服务于管理的观念向管理服务的观念转变，建立柔性化管理机制，具体做法如下：

第一，要建立"以学生为服务主体"的观念，把服务学生作为出发点和归宿点，想学生所想，关心学生的关心，解决学生最渴望解决的问题。

第二，柔性化的管理机制要把激励引导当作学生管理的主要手段，通过制度上的激励，引导学生树立远大的理想抱负，专注求学，养成科学的思维方法，特别是在学生的思想"总开关"上下功夫，指引学生把个人的成才梦和伟大的强国梦有机地统一起来。

第三，柔性管理机制的建立要把学生的主体创造性放在重要的位置，不能像过去那样，只谈义务不谈权利，要明确告诉学生在校期间享有的合法权利和应当履行的义务，把权利和义务写进制度并加以保护。在保护学生的权益方面，特别是在针对学生的处分决定，各高校要做到程序正当，证据充足，依据明确，定性准确，处分恰当，避免学生和管理者产生硬性冲突，学校对学生的处分或处理要认真贯彻《普通高等学校学生管理规定》，学生享有陈述、申辩和申诉的权利，学校要有明确的程序并予以保障。

第四，建立柔性管理机制要发挥学生主体能动性，变被动管理为自我管理。高校学生管理工作应当充分发挥学生的作用，变被动服从管理为主动参与管理，这种转变是民主理念的要求，也是缓解、消除高校学生管理中的矛盾和抵触情绪的重要手段。这种管理不仅促进了高校学生管理的发展，而且提高了高校学生骨干的能力，有助于高校学生培养自主、自立的意识，逐步消除对家庭、社会、学校的依赖，使学生在思想上得到进步。学生参与管理也是对管理工作理解的过程。通过这一过程，高校学生不仅得到能力素质的锻炼，更是对制度存在的主观情感的转变。

第五，柔性管理机制的建立要与高校文化繁荣发展接轨。近年来，高校文化在社会文化大繁荣、大发展的背景下也日益呈现出多样化发展，这种软的因素对学生心理和思想因素的影响日益凸显，这种文化的导向集中体现在大学精神的凝练上，存在于高校内丰富的文化活动上。这种蕴含在文化活动中的价值引导力，最容易被学生接受，对学生的作用不容忽视。因此，在建立柔性管理机制的同时，各高校应当深刻把握文化对学生产生的深远影响，特别是在西方文化大肆侵蚀青年学生的背景下，我国各高校更要在意识形态领域加强对学生的管理服务。

▶▶ 3. 建立制度反馈机制

及时做好学生意见的处理工作，是新时期制度改革所面临的重要任务。高校要建立健全有效的学生制度反馈机制，在信息交互和反馈的过程中，学生意见的反馈和解释直接关系到制度的合理性、执行力与落实情况。学生与管理者之间可以相互表达自己的想法、倾听他人的意见，以达成共识，并形成共同的愿景。

学校应该设立学生管理制度反馈部门，收集学生对学校管理制度的意见，高校各职能部门将收集的信息进行分析整理，研究并制定相应改革方案。同时，各高校要做到反馈及时化、经常化、规范化。学校要向学生公开学校工作计划、进程等相关内容，学生应享有对高校各个职能部门的监督权，确保高校管理制度民主化、规范化。各高校要从人本化角度对保障学生权利的制度进行完善和重构。

（三）优化学生管理制度体系实现途径

为了进一步推进人本化高校制度建设的进程，顺应我国国情和时代的要求，在优化学生管理制度体系的工作中，应做到以下几点：

▶▶ 1. 推进政校分开、管办分离

各高校应进一步实施现代学校制度，积极探索适应我国高校实际和学生发展的管理制度，努力构建政府、学校、社会之间的新型关系。同时，各高校应克服行政化倾向，改变当前中国高校的隶属关系，把高校从国家的行政体制中脱离，取消实际存在的行政级别和行政化管理模式。

▶▶ 2. 落实和扩大学校的办学自主权

各高校要自主开展教学活动、科学研究、技术开发和社会服务，自主设置和调整学科、专业，自主制定学校的规划并组织实施，自主设置教学、科研、行政管理机构，自主确定学校内部收入分配，自主管理和使用人才，自主管理和使用学校财产和经费。同时，各高校还要大力开展国际交流合作，提高国际化水平。

▶▶ 3. 完善学校内部治理结构

各高校要完善党委领导下的校长负责制，形成科学有效的决策方式；完善大学校长选拔任用办法，发挥学术委员会在学科建设、学术评价、学术发展中的重要作用；探索教授治校的有效途径，加强教职工代表大会、学生代表大会建设，激发学生参与管理的内在动力；发挥群众社团的作用，积极借助社会力量加强学校的学生管理。

▶▶ 4. 加强大学章程建设

教育主管部门要积极落实对大学章程的审批工作，及时出台相应的大学章程报送审批制度，制定各类学校的办学标准或按学校类别出台不同类型学校的章程样稿；多种形式宣传大学章程的价值和相关理论知识，提高相关主体对大学章程的认识和建设大学章程的自觉性。各高校内部要提高对大学章程的认识，使之成为学校章程建设的表率。

▶▶ 5. 扩大校企合作

各高校可探索建立高等学校理事会或董事会，健全社会支持和监督学校发展的长效机制。在学校建设的物质投入方面和项目研发上，各高校可加强和企业合作，促进知识的价值实现。同时，在人才输送和学生就业方面，通过和企业的合作，帮助学生树立正确的目标和价值观念。

▶▶ 6. 推进专业评价

国家应鼓励专门机构和社会中介机构对高等学校学科、专业、课程等水平和质量进行评估，通过定量、定性的指标和不确定性指标的综合衡量，包括学生和家长的满意程度，学生的就业、发展情况，形成具有中国特色的学校评价模式。

三、发挥学生在管理制度建设中的主体作用

发挥高校学生在管理制度建设中的主体作用，既是符合高校学生管理特征的现实需要，也是推进高校学生管理制度切实服务学生发展的必由之路。

传统的高校学生管理制度建设，无论参与者，还是制度本身的理念、内容，更多体现着校方意志和管理需要。随着现代高校管理理念被普遍接受和高校学生群体的自主性不断增强，传统的由管理者主导的制度建设越来越难以适

应管理的现实需要。高校学生管理工作必须根据新时期大学生的年龄特征和心理特征，充分调动和激励学生的内在积极性、主动性和创造性，确立大学生在自身管理中的主体地位，发挥大学生在管理制度建设中的主体作用。

当前，高校在学生管理过程中最重要的任务就是要增强其管理服务意识。传统的高校学生管理制度的影响还长期存在，要真正体现学生的主体意识，就要解放思想，从传统的社会价值向注重学生的全面发展转变，使高校学生树立自我管理的意识，由传统的管理客体向管理主体转变，特别是在制度建设中充分唤醒学生的主体意识，激发他们的积极性和创造性。

四、推进学生管理的差异化与个性化

高校学生群体多样化已经成为高校最主要的特征之一，集中体现在每个学生的成长环境差异、发展需求上的差异等方面，这要求高校学生管理制度建设要正确把握其共性和个性，特别是对特殊学生群体的政策，在制度建设上应当进一步完善。如针对特困生群体、关系不良的学生群体、成绩落后的群体、不被重视的学生群体、待就业的学生群体、情感受挫的学生群体、意志薄弱的学生群体、适应能力差的学生群体、少数民族群体等应当建立相应的具有针对性的管理制度和措施。这些群体对待高校学习生活存在不同程度的消极被动、焦虑和自卑，以及因受到高校环境中负面因素影响而产生的悲观、绝望、无助、空虚等心理。各高校在制度构建和管理实践中必须突出这些管理的重点和难点，全面开展大学生特殊群体普查工作，了解和掌握他们的真实情况。各高校在加大日常管理力度的同时，还要特别注重以下几个方面：

（一）更新高校学生思想政治教育的内容和体系

传统的高校学生思想政治教育还存在少数人对教育的认识不到位、教育的针对性不足、资金投入不够、政治理论课的时效性不强和感染力不够等问题，部分高校认为评定学生培养质量的唯一标准就是学生的学习成绩，这严重制约了学生的全面发展。人本化高校学生管理要求高校必须把思想政治建设摆在各项工作的首位，贯穿于高校育人的全过程，成立专业的高校学生思想政治工作队伍，探索完善适应新形势和高校学生新特点的学生思想政治教育领导机制和工作机制，帮助高校学生特别是特殊学生群体树立正确的人生观、价值观、世界观，树立崇高的理想和道德追求，特别是提高高校学生辨别是非的能力、忍受挫折和逆境的能力，学会正确对待和处理学习和生活中出现的实际问题，适应社会的发展要求。

（二）健全高校学生心理疏导工作机制

高校学生中的特殊群体往往是心理问题多发的群体。当面对理想和现实的差距时，其多或少会出现失望、焦虑等负面情绪，如果自我调节无法消除这些负面情绪，就容易发展成为心理问题。因此，高校学生的心理疏导工作必须立足帮助学生解决实际困难，消除其心理的困惑，使其心理和人格向健康的方向发展。

各高校应当建立完善的心理咨询机构，并积极发挥心理咨询机构的职能，服务于高校学生，特别是高校学生中的特殊群体。

（三）创造良好的人际氛围

高校有自己独特的文化和环境，人际氛围是由学生群体创造的，也影响着每一个高校学生。和谐、友爱、平等的人际氛围，不仅能陶冶学生的情操、开阔学生的心胸，而且能缓和或消除人际交往中的矛盾。随着西方文化思想不断涌入，特别是个人主义理念不断冲击学生的思想，不良的社会风气在慢慢腐蚀部分学生的心灵，消磨高校学生的意志。一些特殊群体，特别是高校学生群体中出现问题的学生，如果受到不良风气的影响，其思想态度将形成恶性循环。各高校必须把提高学生的道德水平作为工作重心，营造互帮互助、民主平等、宽以待人的人际交往环境，消除学生群体之间的隔阂，消除特殊学生在群体中的孤立感。

五、完善大学生的维权机制

由于高校学生的利益纠纷往往局限在校内，因此高校学生的维权机制也应当立足于校内。在构建高校学生维权机制中，虽然各个要素的地位和作用不同，但是每个要素之间都存在非常紧密的联系，每个要素都体现着整个维权机制的综合作用和功能，都是为了最大限度地保护高校学生的合法权益。

（一）高校要明确大学生维权机制的主体

各高校要进一步明确高校学生的权益由谁来维护，更重要的是要明确高校学生在高校中的地位及学生和高校之间的关系。高校应当主动承担维护学生合法权益的义务，不能像管理企业、职工那样管理高校学生，也不能把学生作为社会中的一般群体对待，更不能忽视、漠视高校学生的任何一项合法权益。作为学生管理者，各高校不能把学生的管理当作简单的一种制度维护，必须时刻记住自己是学生的服务者，是学生权益维护的第一责任人。高校的各个部门对学生的权益都有保护的义务，不能因为学校的利益忽视学生的合法利益，也不能为了部门利益侵犯学生的合法利益。

（二）需要对相关制度进行维权

高校学生维权制度的建立是完善高校学生维权机制的关键。制度是高校学生维护合法权益的硬件，维权机制是高校学生维护合法权利的软件，只有软硬件相结合，才能切实保护高校学生的合法权益。只有建立相关维权制度，高校学生的维权工作才有依据，才有根本的保障。

各高校应建立监督制度，赋予学生权利来监督高校的各项工作，必要时应建立社会舆论媒体监督高校的渠道。特别是在高校处分学生的时候，应让学生充分介入。此外，各高校还应建立相关的保护性、援助制度，保证学生在接受处理的过程中有为自己辩护的依据，能够为自己寻求帮助。

(三) 要建成维权的传感体系

信息之间的有效传递是维护高校学生利益的重要保障。建立维权的传感体系，不但能在侵犯学生利益的行为发生时采取有效的措施制止，而且能够在必要的时候给予帮助和挽救。此外，高效的传感体系能够将种种矛盾逐步反馈，避免量的积累达到质的变化。在维权机制尚未健全的过程中，高效的传感机制的作用是不可替代的。

各高校既要在学校的党政组织内建立传感体系，又要在学生组织中建立传感体系，并且要实现两个系统之间的有机结合。

第五章　我国高等学校人力资源管理

第一节　人力资源的内涵和特征

我们所说的人力资源，是与自然资源或物力资源相对应的，以人的生命机体为载体的社会资源，是指在一定领域内人口所拥有的身体素质、智力、文化精神面貌。

一、人力资源的内涵

一个社会的人力资源由下列八个部分构成：①处于劳动年龄之内，正在从事社会劳动的人口，它占据人力资源的大部分，可称为"适龄就业人口"；②尚未达到劳动年龄、已从事社会劳动的人口，即"未成年劳动者"或"未成年就业人口"；③已经超过劳动年龄、继续从事社会劳动的人口，即"老年劳动者"或"老年就业人口"；④处于劳动年龄之内、具有劳动能力并要求参加社会劳动的人口，这部分可以称为"求业人口"；⑤处于劳动年龄之内，正在从事学习的人口，即"就学人口"；⑥处于劳动年龄以内，正在从事家务劳动的人口；⑦处于劳动年龄以内，正在服兵役的人口；⑧处于劳动年龄以内的其他人口。

二、人力资源的特征

人力资源的实体是人，即它是负载于"人"这种有思想、有价值判断的社会动物身上。作为社会经济资源中的一个特殊种类，人力资源有许多不同于物力资源的特征。

（一）生物性

人力资源存在于人体之中，是一种"活"的资源，它与人的自然生理特征相联系，这是人力资源最基本的特点。人力资源的生产，基于人口再生产这种生命过程，其接受教育也需要一定的智力自然前提。人力资源的使用，受到人的自然生命过程的限制，如身体疲劳程度、人体安全、劳动卫生、工作时间等。

从人力资源生产的角度看，人力资源的生物性还体现在人力资源的再生产性。其再生产性是通过人口总体内各个个体的不断替换更新和"人力资源—人力资源生产—人力资源再次耗费—人力资源再次生产"的过程实现的。

（二）社会性

人力资源具有社会性。从一般意义上看，人口、人的劳动能力和"人力"这种资源，都是人类社会活动的结果，又都构成了人类社会的前提。

从经济社会运动的角度看，人类劳动是群体性劳动，不同的个人处于各个劳动组织之中，构成了人力资源的微观基础。从宏观上看，人力资源是处于一定社会范围的，它的形成要依赖社会，它的配置通过社会，它的使用要处于社会的劳动分工体系之中。

（三）不可剥夺性

人力资源存在于人体本身，是人的价值意义的内在储存和外在行为的表现，是同人的生命力密不可分的，是同人的尊严与权益联系在一起的，所以不可剥夺。人力资源只能在任用中，通过良好的管理、良好的政策、制度与技术方法，使其自觉地运用与发挥。

（四）时效性

人力资源的培训、储存、运用同人的生命年龄有直接关系，不同年龄阶段表现出不同的资源效力。这种不同既受自然属性的制约，又受社会属性的制约。

时效性要求人力资源开发要抓住人的年龄最有利于职业要求的阶段，并实施最有力的激励措施。不同职业的人最佳开发的年龄段是不同的。因此，针对不同职业人的年龄增长，实施及时的开发对策，是开发人力资源的正确选择。

（五）资本积累性

人力资源是人的体力、智力、知识、技术、能力、经验、信息、健康、关系的综合体现，是靠不断投资而形成的，是外界教育、培训、影响和自我学习努力积累的结果。这种活的积累资本，提供了人力资源的反复开发性与不断增值性。

因此，它为人力资源开发主体提供了对人力资源加大投资的依据。加大对人力资源的投资，以增加其资本积累，是现代人力资源开发的重要方向。

（六）激活性

激活是通过适当的对策来刺激，使其活跃，处在兴奋状态。也就是说，当给予相当的刺激时，人就会觉悟、振奋、自强，甚至付出自己的一切。

激活性为开发人力资源的激励机制建立提供了理论基础和实践依据。人力资源的激活，可采取目标拉动、政策制度推动、教育启动、信息催动、榜样引动等办法。

（七）载体性

人是智力、知识、技术、能力、信息、经验、关系的活动的载体，人的大脑是上述资源信息的"软件盘"。上述资源因素是通过人这个载体而进行交流和传输使用的。人力资源的市场配置与流动，寄予这一特性的可行性；人才的稳定与吸引，寄予这一特性的可靠性与可能性。

（八）能动性

能动性是人的自然价值追求的反映，是自我意识内力推动的结果，是人力资源的自主运动行为。能动性来自对事物的认识，是认识的外在表现与结果。能动性有正向与负向之分，表现在对社会的价值作用不同。人力资源开发对策，应注意使被开发者产生正向能动，减少和避免负向能动。

（九）个体差异性

人力资源的个体差异性表现为性别、年龄、文化程度、专业、技能、价值观、兴趣、性格、智力、资历等，这种差异性为人力资源的不同运用方向、优劣区分、针对性的开发奠定了基础，也为不同开发对策的提出提供了依据。

研究差异性，找出规律性，是人力资源开发工作的重要任务。

人力资源的九大特性启示我们，在进行人力资源开发中，既要遵守自然规律，又要遵守社会规律；既要运用自然科学的方法，又要运用社会科学和管理科学的方法；既要运用物质的力量，又要运用精神的力量；既要注意外界的推动作用，又要注意主观能动性作用。

社会对于这种活的、能动性的资源，则提供其自身开发的外部条件和市场，并在一定程度上形成其竞争的大环境。从直接的角度看，对于人力资源的使用虽然是某一单位的事，但是，社会也从根本上为各个用人单位提供了要素市场，从多方面构成了对用人单位的激励和约束机制。

三、人力资源的数量和质量

（一）人力资源数量

人力资源数量是构成人力资源总量的基础性指标，它反映了人力资源的量的特征。人力资源的数量又分为绝对量和相对量两个指标。

人口数量和广义人口资源量具有强烈的正相关性，同时，两者之间的数值差额通常是一个不高的定值。通常认为，人力资源绝对量是反映一个国家或地区经济实力的重要指标。

人力资源相对量指人力资源占总人口的比例。这个指标可以称为人力资源率（或劳动资源率）。其公式表示为：人力资源率＝人力资源总数/人口总数。

人力资源的相对量被认为是反映经济实力更重要的指标。一个国家和地区的人力资源率高，表明该国家或地区的经济有某种优势。因为在劳动生产率和就业状况既定的情况下，人力资源率越高，表明可投入生产过程中的劳动数量越多，从而创造的 GDP 也就越多。

影响人力资源绝对量和相对量的因素如下：

》》1. 人口数量

一般来说，人口总量越多，人力资源的数量也越多。

》》2. 人口年龄构成

人口的年龄类型通常分为年轻型、成年型、老年型三种。

年轻型人口中，未成年人口比例较大；成年型人口中，劳动适龄人口比例较大；而老年型人口中，老年人口比例较大。显然，人口结构对人力资源率的高低影响很大。以成年型人口结构中人力资源的相对数量为最大。

决定人口年龄构成的主要因素是出生率和死亡率。出生率的高低主要决定和影响未成年组人口的比例，死亡率的高低则主要决定和影响老年组人口的比例。一般来说，经济发达国家人口出生率低，死亡率低，人力资源数量较少，发展缓慢，且趋于老龄化。而发展中国家人口出生率高，死亡率也较高，人力资源数量较多，增长迅速，且偏向年轻。

（二）人力资源质量

人力资源质量是构成人力资源总量的另一个指标，它反映了人力资源质量的特征。在现代社会经济文化高度发展的条件下，人力资源质量的差别，对社会生产和其他社会活动的影响越来越大。

健康、知识和技能水平是人力资源质量的主要指标，劳动态度是人力资源质量的辅助指标。这是因为健康是劳动能力形成的自然物质基础，而劳动能力的成长发展是在掌握和运用知识与技能的过程中完成的。这三者可以全面地反映劳动能力和实际水平，从而确定人力资源质量的实际水平。劳动态度（也叫劳动积极性）决定了劳动能力发挥的程度，也是一个不可忽视的辅助指标。

1. 健康

健康是人的劳动能力形成的基础，是人力资源质量最基本的组成部分。狭义的健康指的是人体各器官系统发育良好，功能正常。广义的健康指的是人所具有的能够长时期适应环境的机体、情绪、精神和活动方面的能力。简单地说，就是人体生理技能的运转能力。

人的健康，首先建立在先天形成的人体解剖生理特性的基础上。这种人体解剖生理特征（如人体肌肉骨骼构成、心脏跳动、血液循环、物质合成和分解、新陈代谢、能量转换等），通常被称为人体素质。

作为健康基础的人体素质，可以而且需要通过后天努力得到维护、改善和加强。反映人体素质状况的主要指标就是健康指标，其中包括疾病发病率、体力和精力、平均预期寿命和死亡率等。

2. 知识

知识是人类长期从事的各项活动的历史经验的总结。一般来说，它以思想内容的形式为劳动者所掌握，它不表现为一种个人的心理条件，而表现为一种客观存在。

对于任何劳动者来说，知识都不存在差异，不同的人都可能掌握或运用同样的知识。但是，对知识的掌握和运用程度，却可能存在较大的个体差异。这种差异一方面取决于劳动者个体心理倾向的不同，另一方面取决于劳动者为掌握和运用知识投入时间和财富耗费的差异。

▶▶ 3. 技能

技能即劳动者的操作技术。一般来说，它以行动方式的形式为人所掌握。技能的实质是劳动者在劳动过程中掌握的动作体系。技能也是一种客观存在，通过劳动者反复的实践练习才可能掌握。

因此，技能的取得同样需要劳动者对时间和经济财富的投入，这种投入的差异对技能形成的差异有重要影响。技能不同于知识，它更多地需要劳动者通过在生产实践活动中积累经验和技巧来获得。

▶▶ 4. 劳动态度

态度是劳动者在劳动过程中主观能动性的发挥程度。劳动态度对劳动行为有巨大的影响。它直接决定着劳动者在劳动中表现出来的主动精神、创造精神和自觉精神，并直接影响劳动行为的结果。劳动效率的高低、劳动产品质量的好坏和劳动过程耗费的多少，都与劳动态度有密切的联系。

第二节　人力资源与经济发展的一般关系

劳动力是生产要素之一，人力资源在经济发展中具有重要的地位，它与经济发展有着密切的关系。

一、人力资源与区域经济发展

(一) 人力资源是区域经济发展的主要动力和决定因素

一定的人力资源是经济发展的前提,经济的发展主要表现为各种资源要素的增加,以及这些要素的优化组合所形成的效率的提高。它包含生产发展和消费增长的双重过程。生产和消费的主体都是一定的人口,人力资源作为人口最重要的组成部分,代表着社会的基本生产力和消费力。随着经济社会的发展,劳动不断复杂化,劳动者的生产技能不断提高,社会财富相伴而生。财富的积累使人力资源的生产处于更好的环境中,而人力资源的再增加又为进一步生产社会财富准备了前提。人力资源的存在和使用过程也是社会的消费过程,这种过程与生产过程同时存在,使生产行为得以最终完成,并为生产过程不断提出需要,从而形成经济发展的动力。

实践表明,人力资源的开发利用程度不仅是经济发展的强大动力,还是区域经济发展的决定因素。一个地区乃至一个国家,特别是在经济起飞阶段,对资金、技术、人才的需求大量增加,尤其是人力资源的开发显得更为重要。随着社会经济的不断发展,信息社会、网络技术、高新技术产业的出现,区域经济的不断变化,人力资源作为一个新的开发领域,已经成为国家人事管理的重要内容,并且对区域经济、国家经济的发展起着决定性的作用。

(二) 人力资源对区域经济发展的贡献率最高

21世纪是知识经济的时代,知识在经济发展过程中的作用越来越重要。这对作为知识载体的人提出了更高的要求,人力资源的开发愈加显示出紧迫性和重要性。劳动者作为生产力要素中最积极、最活跃的要素,在生产力中起着决定性作用,对经济发展的贡献率持续上升。当区域人口都达到一定的受教育程度,即都积累了一定的人力资本时,人口优势才能转化为人力资本优势。否则，只能当作一种潜在优势，甚至作为一种负担牵制经济、社会的发展。

（三）人力资源是实现区域经济可持续发展的源泉

区域人力资源开发，指在一定的自然地理范围内，对人力资源状况进行分析、评估，并做出规划的全过程。现代经济发展证明，高质量的人力资源不仅可以替代自然资源，缓解资源短缺，还能深度开发和有效利用自然资源，创造出新的物质资源，以弥补原有的不足。

另外，高质量的人力资源对经济增长可以发挥倍数效应。

二、人力资源要素对我国区域经济发展的影响

人力资源只有与区域经济市场化相互协调、相互结合，才能促使人力资源发挥其巨大效能。在这个结合的过程中，存在人力资源诸要素存量与区域各部门、各行业对人力资源素质要求的双向对接的问题。任何一个对接的中断或受阻，都最终影响区域经济市场的发展水平与程度。近几十年来，我国取得了令世界瞩目的经济发展成就。其中一个重要的因素，就是人力资源的增长和配置的改变。

（一）人力资源数量与区域经济发展

人力资源是生产力的主体，掌握一定知识和劳动技能的人，是生产力诸多因素中最积极、最活跃的因素。随着经济社会的发展，它将成为经济增长中起决定作用的因素。

区域经济的发展，首先必须拥有一定数量的劳动力。一个区域的劳动力资源是否丰富，直接关系着该地区的经济增长。我国是一个超级人口大国，2020年，我国大陆人口已达到140005万人，人力资源相对丰富，如果能充分利用我国的人力资源，必将推动我国经济飞速发展。

（二）人力资源素质与区域经济发展

人力资源素质指人力资源具有的体质、智力、知识和技能的总和。人才素质形成受先天影响，但是主要受后天教育等因素影响。较高素质的人力资源对经济发展的贡献主要体现在其具有较强的创新能力，同时，较高素质的人力资源接受新技术能力强，能将潜在的资本转化为现实的生产力，从而提高效益。我国人力资源虽然相对丰富，但是，总体素质不高，这是我国经济向前发展的最大阻力。改革开放以来，我国经济有了较大发展，但是，人力资源代际衔接部分失调，从经济发展的长远目标和区域经济的可持续性角度来考虑，我国必须加快教育改革，争取在最短的时间内提高我国人口的总体素质。

（三）产业人力资源与区域经济发展

产业结构状况是区域经济发展水平的内在标志，我国的三大产业中，人力资源主要集中在第二产业和第三产业。东部和中部发达地区是第二产业、第三产业的主要聚集地，对人力资源的吸引力和需求量很大，而西部由于产业吸引力相对较弱，人力资源缺乏。这种现状不利于我国区域经济的平衡发展。

（四）人力资源流动与区域经济发展

人力资源流动是现代经济发展的一个重要特征，区域间人力资源流动的主要原因是区域经济发展水平不平衡。一些区域的经济发展较快，区域内的人力资源不能满足经济发展的需要，人力资源匮乏，外来人力资源的流入可以缓解人力资源供给不足带来的不利影响，增强区域经济的竞争能力。我国地域经济发展水平的不平衡性，使人力资源向经济发达地区聚集。从供给和需求来看，这满足了发达地区对人力资源的需求，增强了竞争力。

但同时，西部地区的人力资源因流动而流失，使区域经济之间的差距再次拉大，从长远来看，这不利于我国经济的持续发展，可能导致区域经济之间的互补性减弱或丧失如何改善这一问题，是摆在国家和人民面前的一个重要课题，高等教育则是解决这一问题的最佳途径。

第三节　高等学校的人力资源

一、人力资源

要界定高校人力资源，首先要对人力资源的概念加以界定。目前国内外对人力资源的定义很多，专家学者从不同的角度给出了不同的定义。

现有的人力资源的概念大体可归纳为以下三大类：

第一，从能力的角度解释，人力资源是附着于人身上的能力的总和。

第二，从人的角度解释，人力资源是具有对经济和社会发展起促进作用的能力的人的总和。

第三，从劳动人口的角度解释，人力资源是具有劳动能力的人口的总和。这实质上是一种广义的人力资源概念。

本书将人力资源定义为：具有能够推动国民经济和社会发展的体力、智力和心力的人的总和。这一定义包括以下要点：

第一，人力资源的本质是人，这是其区别于其他资源的核心特征。

第二，人力资源是"人的总和"，单个的人不能称为人力资源，正如一滴水不能称为水资源一样。

第三，人力资源是具有智力、体力和心力的人的总和，单纯拥有体力的人，不能成为人力资源。

第四，人力资源是能够推动国民经济和社会发展的人的总和，也就是能够对价值创造起贡献作用的人，才能称为人力资源。

二、高校人力资源

根据人力资源概念的定义，我们可以得出高校人力资源的内涵和外延。

高校人力资源的内涵：高校人力资源是指高校内部具有能够推动国民经济和社会发展的体力、智力和心力的人的总和。

高校人力资源的外延：主要是高校内的教师和行政管理人员。

行政人员是高校的成员，并且具有推动国民经济和社会发展的智力、心力和体力。行政人员主要是为教学、科研服务的。现代高校不仅需要知识的生产者与传播者，而且需要为知识的生产和传播服务的人员。行政人员通过直接或间接的方式，推动了国民经济和社会发展。因此，行政人员是高校不可或缺的人力资源。

第四节　高等学校的人力资源管理

根据人力资源管理的定义，高校人力资源管理可界定为：高校人力资源管理就是高校根据学校和教职工发展的需要，通过对高校内外人力资源的合理规划与配置、有效获取与使用、科学激励与开发、依法保护与约束，实现高校发展目标和教职工个人价值的活动。

这一定义具有以下内涵：

第一，高校人力资源管理的目标是实现高校的发展和教职工的个人价值。这体现了对组织和个人存在价值的双重尊重。高校人力资源管理既要重视个人价值，又要重视组织利益。

第二，高校人力资源管理的过程包括规划与配置、获取与使用、激励与开发、保护与约束等。规划是在工作分析和对高校人力资源的需求与供给情况进行预测的基础上，制定一定时期内的高校人力资源发展战略。配置就是将合适的人放到合适的岗位上。对人力资源的合理规划与配置，奠定了高校发展的基础。因此，规划、测评技术与评价制度（学术的和行政的）是必不可少的。高校及其人力资源要在法律和制度的框架内活动，对违反相关法律、制度的，要依法进行约束和惩罚。职业安全和保障是高校人力资源稳定的基础。高校人力资源管理既要保护学校的权益，也要保护教职工的权益。因此，职业安全与保障制度是高校发展和个人价值实现的保障。

第三，高校人力资源管理是一种有组织的活动，是由主体、目标、过程构成的。高校人力资源管理的主体可以是高校，可以是各级管理者，还可以是人力资源自身。高校人力资源管理的目标是实现学校的发展和个人价值。人力资源管理必须在制度的框架内进行。制度是根本，没有好的制度，技术再先进，也难以保障人力资源管理工作的有效开展。

第五节 高等学校人力资源管理制度

一、制度

关于制度的概念，古今中外的学者从不同角度给出了不同的定义，不同学科有不同学科的定义，即使同一学科的不同学派也有不同的定义。为了准确界定这一概念，本研究分别梳理了字（辞）典、制度经济学、新制度经济学中对制度的定义。

作为一个概念，要包含满足某种性质的要素和目的，因此，制度可界定为：制度是社会制定出来并通过各种手段使其成员普遍接受的，用来约束组织和个体的机会主义行为，协调人与人、人与社会、人与自然的关系，以实现社会公正与正义的行为规则，包括法律、规章、契约等正式制度，也包括意识形态、习惯、价值观和伦理道德等非正式制度。

这一定义具有以下内涵：

（一）指出了制度的要素

制度是由法律、规章、意识形态、习惯、价值观和伦理道德等要素构成的。美国经济学家诺思认为，正式制度包含政治规则、经济规则和契约。它们是一种等级结构，从宪法到成文法与普通法，再到明确的细则，最后到个别契约，它们共同约束着人们的行为。

法律是制度的最高形式，宪法统率其他规则。个别契约要服从于具体的条例和细则，这些条例和细则要服从于成文法和普通法，而成文法和普通法又不能违反宪法。因此，制度建设的高级层次是法制建设，一切制度都要在法律的框架内建立，不能和法律相抵触。

意识形态是非正式制度的核心，不仅可以孕育价值观念、伦理规范、道德观念和风俗习惯，而且可以在形式上构成某种正式制度安排的"先验"模式。习惯是在正式规则无定义的场合，起着规范人们行为的作用的惯例，或作为"标准"的行为。价值观念决定着制度，制度是人们依据价值观念蓝图构建的。价值观念在更多的时候左右着人们的行为，人们同意接受的观念怎样，构建认可的制度就会怎样。

价值观是文化的核心，文化不仅是构成非正式制度的因素，同时对正式制度的建设也具有重要作用。因此，制度建设的理想境界是文化建设。在不同的经济制度下，伦理精神和道德规范都可看成利益的一个自变量，不同的伦理道德制约着不同的利益追求机制与方式。如果这种方式与经济制度相符，就推动它的发展；反之，它将成为与现行经济制度相悖的力量，导致混乱和无序。因此，伦理道德成为制度建设的基石，在一个道德沦丧、理想失落的社会里，是不可能存在完善的制度的，即使有，也是一纸空文，难以真正起到约束和规范作用。

（二）指出了制度要素要满足的性质

法律、规章、意识形态、习惯、价值观和伦理道德等要素是社会制定的，并通过各种手段使社会成员普遍接受。大多数成员不接受的制度是不可能存在的，即使有，也是形同虚设，不起作用。因此，制度必须是社会成员普遍认可和接受的。制度要想被普遍认可和接受，通常有两种方式：一种是强制性的，另一种是非强制性的。相对于正式制度，非正式制度不是强制性的，而是通过群体压力实现的。当人们的行为和主流社会的价值观、习惯、意识形态、道德伦理相抵触时，就会受到社会的谴责，在群体压力下被迫改变自己的行为。因此，制度建立和执行的程序，一方面要符合大多数人的利益；另一方面，为了大多数人的利益，必须运用强制的和非强制的手段，使社会成员普遍接受并执行制度。

（三）指出了制定制度的目的

制度的建立是为了约束组织和个体的机会主义行为，协调人与人、人与社会、人与自然的关系。新制度经济学对人性的假设主要有：行为的财富与非财富最大化的双重动机、认知环境的有限理性，以及追求收益内在化、成本外在化的逃避经济责任的机会主义倾向。

人与人的关系没有制度约束和保护，就可能出现一些人占有另一些人的劳动成果，侵害他们产权的现象。人与社会的关系没有制度的约束，就会导致无序和混乱。人与自然没有制度的约束，就会使自然遭受人类毁灭性的破坏，进而最终毁灭人类自己。

因此，制度建立的目的是约束组织和个体的机会主义行为，协调人与人、人与社会、人与自然的关系，最终实现社会的公正与正义。

二、制度的性质

从制度的定义分析，制度具有以下性质：

（一）约束性

制度规定了什么事能做、什么事不能做，人们追求效用最大化，是要在一定制约条件下进行的。制度就是要约束人的机会主义行为，使社会活动能够有序进行。

（二）公共性

制度是"公共品"，不是针对某一个人，而是一种公共规则。一旦某种制度被生产出来，全社会的人都可以享有。正是这一性质，导致人们无法对制度实施专利保护，而缺乏专利保护，就缺乏对制度创造的激励。

（三）较强的资产专用性

一种新制度的传播或移植不仅受既定利益格局的制约，而且受相互冲突的价值观念及意识形态等因素的制约。这就是将在一个国家行之有效的制度照搬到另一个国家却行不通的原因所在。

（四）稀缺性

由于制度是公共品，又无法对其实施专利保护，制度的采用可以"搭便车"，人们可以简单模仿别人创造的制度安排而不用付费，因而制度生产缺乏动力。另一方面，制度又具有较强的资产专用性，简单地模仿并不一定有效。因此，制度成为一种稀缺的资源。

（五）无形性

和其他公共品相比，制度是无形的，是人们观念的体现，以及在既定利益格局下的公共选择。制度或者表现为法律制度，或者表现为规则、规范，或者表现为意识形态、价值观念、习俗习惯等，而这些都是无形的。

三、制度的分类

新制度经济学家根据不同的标准，对制度进行了分类。按照制度起源的不同，将制度分为内在制度和外在制度。

内在制度就是群体内随经验而演化的规则。外在制度是外在地设计出来并靠政治行动由上而下强加于社会的规则。

四、制度环境与制度安排

制度安排是支配经济单位之间可能合作或竞争方式的一种安排，制度安排可能最接近于"制度"一词的最通常使用的含义了，安排可能是正规的，也可能是非正规的，可能是暂时性的，也可能是长期的。不过，它必须至少用于下列一些目标：提供一种结构，使其成员的合作获得一些在结构外不可能获得的追加收入，或提供一种能影响法律或产权变迁的机制，以改变个人（或团体）合法竞争的方式。

五、高校人力资源管理制度

高校人力资源管理作为一种管理活动，和社会其他活动一样，需要有制度的保证。

高校人力资源管理制度是国家、政府和高校及其人力资源制定出来，并通过各种手段使高校人力资源普遍接受的，用来约束组织和个体的机会主义行为，协调高校人力资源之间、人力资源与高校、社会之间的关系，以重构"学术自由、追求真理、传承创新、引领人类"的大学精神为终极目的的行为规则，包括法律、规章、契约等正式制度，也包括意识形态、习惯、价值观和伦理道德等非正式制度。

六、高校人力资源管理制度建设

制度建设的概念在很多场合被使用，然而，却少有对制度建设概念进行界定的。这一方面说明制度建设的重要性，另一方面也说明要准确界定制度建设是困难的。本研究试图在新制度经济学的基础上，对高校人力资源管理制度进行界定。

高校人力资源管理制度建设定义如下：

高校人力资源管理制度建设，就是国家、政府、高校及其人力资源在基于共同认知的基础上，对高校人力资源管理制度体系不断完善与创新，以实现高校人力资源管理目标的过程。

第六节　高等学校人力资源管理制度的理论基础

一、新制度经济学

新制度经济学是针对新古典经济学的不足进行研究而构成的理论体系，主要包括产权理论、交易成本理论、制度变迁理论等。

（一）关于人的行为假定理论

新制度经济学关于人的行为有三个假定。

》》1. 人类的行为动机是双重的

人们一方面追求财富最大化，另一方面又追求非财富最大化。人类历史上制度创新的过程实际上就是人类这种双重动机均衡的结果，制度在塑造人类这种双重动机方面起着尤为重要的作用。

》》2. 有限理性

要更深入地理解现实世界中的制度，就必须承认人只有有限地获取和处理信息的能力这一观点。制度是重要的，因为制度可以通过设定一系列规则来减少环境的不确定性，提高人们认识环境的能力。

》》3. 机会主义倾向

这是指在非均衡市场上，人们追求收益内在化、成本外在化的逃避经济责任的行为。

高校人力资源首先具有一般人的行为特点，新制度经济学关于人的行为假设理论同样适用于高校人力资源，这也是制度建设的出发点。

（二）交易成本理论

交易费用的存在依赖于受限制的理性思考、机会主义，以及资产的专用性。制度影响交易成本，不同制度下的交易成本的差异是巨大的，这是科斯、诺思通过案例研究得出的结论。

有效的制度可以减少交易成本，高校人力资源管理中，交易成本的大小取决于人力资源管理制度的有效程度。

交易成本理论对人力资源管理制度建设的研究具有特殊的意义。

（三）产权理论

新制度经济学认为，产权是使自己或他人受益或受损的权利，是"由物的存在而产生，与这些物的利用相联系的，人们之间的一组被认可的行为性关系"。

产权实质是人与人的关系，而非人与物的关系，因此，产权制度是一系列用来确定每个人相对于稀缺资源使用时的地位和社会关系。

产权理论认为，不同利益集团对产权的形成具有影响。大的利益集团由于高昂的协调成本、组织成本及"搭便车"等原因，很难在产权形成中发挥有效的作用，而人数少的利益集团却很容易达成一致意见。

制度的建立与改革的实质就在于对产权进行分配和重新分配。将产权理论应用于制度建设研究的意义在于如何使对大多数人有效的制度得以建立和实施。任何制度变迁都很难使所有人都得到正的纯收益，一个社会决定政策的权力如果掌握在社会大多数人手中，社会对制度的选择就仅受制于技术因素，而不会受到既得利益集团的制约。反之，如果掌握在少数人手里，那么，即使是对大多数人有效率的制度，只要对少数决策者不利，会使他们的既得利益受到损失，这种有效率的制度也不会得到采纳和实行。

（四）制度变迁理论

制度变迁是一个制度不均衡时，追求潜在获利机会的自发交替过程。制度变迁理论中关于路径依赖、制度变迁方式的论述，对于高校人力资源管理制度建设具有重要的指导作用。

二、高等教育学

高等学校是高等教育的承担部门。高等教育学的理论对于高校人力资源管理制度建设具有重要的指导作用。在研究中，我们必须考虑到高校的特点及高等教育的特殊规律。

（一）高校组织的特性理论

高校组织和其他教育组织一样，具有"松散联结"的特性，即在技术与组织结构之间没有密切的联系。在制度环境作用下，合法性机制对教育组织的影响比效率机制对教育组织的影响更为明显，维持其存在和发展的不是效率，而是合法性机制。

（二）大学（高校）使命的理论

大学（高校）的组织特性揭示了"大学是什么"，大学（高校）使命的理论则要阐释"大学（高校）是干什么的"。对于这个问题，不同历史时期、不同学者的回答是不一样的，教学、科研和社会服务使命先后被赋予大学（高校）。即使在今天，西方仍在不断探讨大学的使命，人们对"大学究竟该干什么"这一问题，随着时代的发展，不断产生新的认识。

（三）治学主体理论

治学主体理论回答了"由谁来完成大学的使命"和"谁来管理大学"的问题。

"学术自治"是研究高深学问最悠久的传统之一。历史上很多学者都坚持认为，只有教师有资格控制学术活动，因为只有他们才能深刻理解高深学问的复杂性。然而，高等教育的自治不可能是绝对的，完全的自治必然要求经费的完全独立，即使私立高校也要受到法律的制约。学校内部管理也不可能做到完全由教师管理一切，校董等院外人士在表达公众对学院或大学的兴趣，以及把这些院校的观点向公众解释方面可以起到重要的作用，校长、院长是从教授群体中选出的行政专家，因此，他们和教授一起管理高校。但是，在高校团体的相互关系中，所有成员的地位都是平等的，在所有情况下，更可取的办法是说服，而不是凭借权力和地位压制他人。

三、文化学

文化学的视角对研究人力资源管理制度建设具有重要意义。文化对人力资源管理制度具有较大的影响。一方面，文化的核心即价值观是非正式制度的重要组成部分，人的行为既受正式制度的约束，又受非正式制度的约束，而且非正式制度对人的行为的影响更为持久。另一方面，文化影响着人们的思维方式和行为习惯，制度的移植要考虑文化差异，制度的变迁也要考虑文化背景。所以，从文化学尤其是从传统文化的角度研究高校人力资源管理制度建设，具有重要的意义。

四、组织行为学

制度是建立在组织中的，组织行为决定了制度的建立与执行。因此，研究制度建设，尤其是人力资源管理制度建设，必须有组织行为学的基础。对制度建设有贡献的组织行为学理论，主要包括激励理论和组织变革理论。

第六章　我国高等教育教学创新实践

第一节　高等教育教学方法创新

高等教育教学方法创新路径是高等教育教学方法创新活动中重要的实践要素。对这个问题的研究，既可以是对过去或现存状态的追寻或总结，也可以是对未来教学方法创新的建构。无论是过去已经存在的教学方法，还是未来需要着力改进的新的创新方法，无论是各种自创的创新方法，还是学习借鉴而来的教学方法，都值得推崇，但都要客观地分析教学方法具有人文环境的适应性和技术支撑条件的差异性，不能盲目地投入使用。

在教学方法创新实践活动中，掌握一定的创新原理和方法只是能否实现创新的前提，不是解决创新的灵丹妙药。只有不断地深入学习、深刻理解创新方法，积极开展创新实践，才可能有效地掌握创新方法，取得创新成果。

一、组合法

就教学方法而言，组合法就是两种或两种以上的方法或方法理论的一部分或全部进行适当叠加和组合，形成新的教学方法。组合法是创新原理之一，符合教学方法创新实践。组合已成为创新的主要方式之一。

二、分离法

分离原理是把某一创新对象进行科学的分解和离散，使主要问题从复杂现象中暴露出来，从而理清创造者的思路，以抓住主要矛盾。分离原理在创新过程中，提倡将事物打破并分解，它鼓励人们在发明创造过程中，冲破事物原有面貌的限制，将研究对象予以分离，创造出全新的概念和全新的产品。教学方法创新的分离法，就是把过去或原有的司空见惯的方法加以分解，按照一定逻辑关系进行整理，然后突出某一部分或将其扩充放大，成为一种等同甚至超越原来方法的新方法。

三、还原法

还原法实际上就是要避开现行的世俗规则，即将所谓"合理"的事物设定为"非"，而将事物的原状设定为"是"，就是要善于透过现象看本质，在创新过程中能回到对象的起点，抓住问题的原点，将最主要的功能抽取出来并集中精力研究其实现的手段和方法，以取得创新的最佳成果。教学方法创新与其他任何创新一样，都有其创新原点，寻根溯源找到创新原点，再从创新原点出发寻找各种解决问题的途径，用新的思想、新的技术、新的手段重新构造方法，从本源上解决问题，这就是还原创新方法的精髓所在。

四、移植法

创新理论认为，移植法是把一个研究对象的概念、原理和方法运用于另一个研究对象并取得创新成果的创新原理。"他山之石，可以攻玉"，移植法的实质是借用已有的创新成果进行创新目标的再创造。教学方法创新活动中的移植法，可以采取同一学科领域的"纵向移植"（我国高等教育教学方法的通用手法是非理性的"下位"的基础教育教学方法"上移"，而当前基础教育教学创新中则采取了诸如研究法、实验法等更多"上位"方法"下移"），也可以采取不同学科领域、不同地域的"横向移植"，还可以采取多学科领域、多地域教学方法的理念、思维和方法等综合引入的"综合移植"。移植能够取得新的成果，在教学方法方面，移植也符合"感受共存"中的新奇性标准：没尝试过的就是新奇的。

五、逆反法

逆向思维是一种重要的创新方法，逆反法要求人们敢于并善于打破头脑中常规思维模式的束缚，对已有的理论方法、科学技术、产品实物持怀疑态度，从相反的思维方向去分析、思索，探求新的发明创造。实际上，任何事物都有正反两个方面，这两个方面同时相互依存于一个共同体中。人们在认识事物的过程中，习惯于从显而易见的正面去考虑问题，因而阻塞了自己的思路。如果能有意识、有目的地与传统思维方法"背道而驰"，往往能得到极好的创新成果。教学方法中有一种备受推崇的"深入浅出"方法，其实，就是从逆反法的角度分析，高等教育教学中的很多课程内容可能更需要"浅入深出"才能引人入胜。

六、强化法

强化是一般创新方法之一，它是基于科学分析研判基础上的一种"包装术"，即合理策划。强化法主要对原本一般的方法通过各种强化手段进行精练、压缩或聚焦、放大，以获得强烈的创新效果，给人以感觉冲击。分析教学名师们的教学方法，很多都是采用强化法，把普通的教学方法"概念化"，或者按照分离法原则把一个普通方法的局部元素加以剥离、充实，并开发到极致、应用到极致，并打上"首创者"的名号。这样获得的教学方法不仅是"新"的，也是"强"的。

七、合作法

高等教育教学活动是典型的深度合作活动。这种认识长期没有得到推广，以至于教学方法的单边主义长期盘桓，根深蒂固。创新现行的教学方法，推进高等教育教学方法创新，其思路之一就是从教学活动本源入手。有学者分析，"对话教学法"是以师生平等为基础、以学生自主研究为特征的典型的合作创新方法，并由此推演出"以教师为中心""以学生为中心""师生关系平等"和"突出问题焦点"四种对话教学模式。其实，不但对话教学法是合作创新的范例，任何教学方法的创新，从创新主体而言，合作的路径都是无限宽广的。因为科学的发展使创新越来越需要发挥群体智慧才能有所建树。早期的创新多依靠个人智慧和知识来完成，但像人造卫星、宇宙飞船、空间试验室和海底实验室等，需要创造者们能够摆脱狭窄的专业知识范围的束缚，依靠群体智慧的力量、依靠科学技术的交叉渗透。

第二节　高等教育教学方法创新评价

推进和深化高等教育教学模式创新实践的一个重要命题是如何开展教学方法评价。教学方法评价的科学合理，是教学方法创新实践成功的先决条件。因此，建立适合高等教育教学内容、教育对象、教学发展特点的教学方法评价机制，有利于推进教学方法创新实践活动。

教学方法创新评价的起点是教学方法常态评价。教学方法的常态评价可以促进教师的教学方法创新，教学方法创新评价可以进一步科学引导教师的教学方法创新实践。教学方法常态评价就是对教学活动中教师所使用的教学方法状况及其影响给予分析判断，提出建议。这实际属于常规教学评价内容，但其经常被忽视或虚化，其中一个重要原因就是评价标准的缺失或评价过程的瞬间性难以把握，只能寄托于"事后印象"。所以，教学方法常态评价实际上处于一种"无政府"状态，无论是教师还是学生，或是专门教学指导与评价组织者，均各执一端，莫衷一是。

教学方法常态评价的目的不在于推选出一种或几种最优教学方法，而在于促进教学方法的多元化和有效性，使学生感受到积极健康的满足，从而激发其学习兴趣，增强学习动力，提高教学活动的整体水平和质量。"最优"教学方法是不存在的，所有有效的教学方法几乎都是组合性和适切性的产物。因此，常态评价的标准不是组织设计而得出的，而是一种常模状态下的灵活评价标准：符合基本教学方法要素、适应不同教学内容和教学对象，教师和学生的感受趋于一致。当然，由于教学方法最后是以"感受"为评判基础的，"新奇性"创新标准经常容易被教师误用为"取宠术"，满堂取悦于学生的奇闻轶事，这是在实施常态评价时应引起重视的。同时，教学方法常态评价的过程必须是动态的，不能以一两次评价代替某位教师的某门课程教学方法状况。

高等教育教学方法创新评价是在教学方法常态评价基础上，用来引导和规范教学方法创新活动的手段之一，评价结果反映教学活动中教师所采用的教学方法的科学性、合理性及有效性。进行创新评价或者评价某个教学活动中的教学方法是否具有创新性，至少应该符合以下四项原则之一。

一、批判性原则

批判性原则与常态评价不同，考量一位教师的教学方法是否具有创新性，首要的判据不是稳妥、正确，而是方法中的批判性成分，包括该方法对教学内容常理的、现行结果等是否具有反思维或质疑，对学生的问题意识、探究情怀是否有暗示作用。现行教学方法中的知识讲授、灌输等方法之所以一直被诟病，就在于它忽略了这些知识产生时的无限批判进程，使知识显得苍白，不能培养学生的问题意识和探究兴趣。在评判原则之下，可以有非常多的具体方法，只要它们具备批判属性，都属于教学方法创新范畴。

二、挫折性原则

无论是抽象的观念还是具体的方法，但凡具有"新"的本质属性，或多或少存在不被立即接纳和认同的境遇。人类社会在漫长的进化过程中。有一个共同的经验，就是对于"新"既怀有期盼，又保持着戒备。一种新的教学方法被创设或引进一个教学情境中，必然会有一定风险，会遇到各种阻力乃至反对，一片欢呼、推行顺利的新方法十分罕见。教师对于风险的评估以及是否决定推行是其内阻力，而遭遇风险担当风险是其外阻力。无论是内阻力还是外阻力，都是任何新方法必须面临的挫折。同时，这种方法本身在实施过程中还含有"挫折"意蕴，比如项目教学法就使学生在参与实施新方法的过程中体悟探究和推演的复杂性和艰难，在挫折中寻求成功，进而体会新方法的意义和愉悦感。这种方法也是对高等教育学生进行学术品格培育的有效途径之一。

三、丰富性原则

有效的教学方法很少是单一性的，通常是多方法的组合运用。评判一次教学活动或者一位教师一贯的教学方法是否具有创新性，应该考察其方法使用的丰富程度。人类在漫长的教育教学历程中，创造了无数教学方法，其中每一种方法都没有好坏、正误之分，关键是是否适合这种方法的对象与教学内容、教学情境。教学是一种非线性规律活动，每一种教学方法都有其产生的特殊原因，而人类相同原因出现的概率非常少。因此，某一种方法只有在相似条件下才能发挥作用，更多情况下是各种方法的融合。具有创新性的教学方法必须具有丰富性的特点，单一的方法在现今条件下即使具有创新性，也一定非常微观，解决不了常规教学层面的问题。总结教学名师的教学方法，在其"品牌性"之外，都有非常丰富的教学方法贯穿教学活动之中，其中还有一些是教学方案设计之外的"非设计"方法，被教师们临场发挥，服务于特殊需要的教学过程。

四、关联性原则

高等教育教学方法的实现途径随着技术进步发生着快速而深刻的变化，多途径实现教学目的成为现代高等教育教学方法创新的革命性特征。与传统的讲授法、灌输法相比，现代技术带来的教学方法创新突出了技术性优势，从"粉笔加黑板"到幻灯片、到多媒体，再到网络课堂，有效地提高了教学效率、为交互式教学提供了时空与技术保障，师生教学灵感也能及时得到捕捉和储存。

但这只是教学方法创新关联性的一个方面，即方法与手段的关联。级联递增式的关联性在一定程度上否定教学方法的技术元素，完全依赖现代教学技术推进教学方法创新也不妥当，因为人类的教学活动从产生到现在，从来就不是技术的"奴隶"。尽管现代网络课堂或课程逐步兴起，这可能给世界各地高等教育教学方法掀起一次话题讨论，但通过网络传播"最优"教学方法的可能为期尚远，更多的是学校的一种魅力与形象的展示。因此，关联性创新原则要求教学方法不能在技术面前无所作为，也不能搞"唯技术论"，而必须回归教学活动中"教"与"学"的本位，以开展创新。人是社会生活中最活跃的因素，离开先进技术设备条件依然可以开展教学方法创新活动，比如很多大师成长经验或教学经验中的"点化法"，就屡试不爽，成就了许多人才。

对教学方法及其创新性的评价，主体必须是多元的，任何单方面的结论都不足信，尤其是从教学管理角度开展的教学方法及其创新性评价更是有违教学方法的本质要求。高等教育教学方法创新属于学术文化范畴，对于教学方法的评价不属于高等教育的行政管理，而是学术管理。学术性评价的主体应该是多重多元的，只有这样才能接近教学方法以及教学方法创新性的本质。否则，就是对教学方法的机械性误导，极大地扼杀了教学方法运用的灵活性和教学方法创新的积极性。

教学方法创新评价主体，首先是教学活动直接参与者的教师和学生这个二元主体。学生这一方面是动态变化的，即某位教师的某一门课程的教学对于某一年级的学生一般只有一次，待教师重复进行教学时，学生已经全然改变。因此，教师的教学方法创新为什么滞后，关键就在于学生对某门课程的学习以及对教师教学方法的"感受"是唯一的、不可重复的，即使有一些中肯的建议，但检验这些建议是否被采用的，则是下一届学生。所以，对教师教学方法创新评价主体中学生的界定，必须是几个年级的学生。或者对于通用性强的公共课程、专业平台课程等，要把学生全部纳入评价主体的范围，但这对大量专业性课程并不适用。教学方法创新评价主体其次应该是教学团队成员。无论这个团队是否形成建制，或者规模大小、关联强弱不一，但通过这个团队，可以从"方法适应内容"角度准确界定教师教学方法使用及创新状况。至于很多高校已经组建并运行的"教学视导"机构的人员，是教学方法创新的评价主体之一，但由于学科专业的巨大差异，他们只能从通用性方法，即符合教学一般规律的方法入手加以评价，不能代替教学团队的专业评价。教学管理部门参与教学方法创新评价是间接的，只能从程序设计、持续推进、结果反馈和分析等方面着手。

第三节 高等教育教学创新的思路

一、更新教学理念

（一）更新教育思想，确立实践教育教学理念

实践，是指将高等教育教学内容中的自然科学知识、人文知识、德育等各种理论知识教育，通过具体的系统实践来消化、固化、融合、升华。在实践中，各高校统一科学教育与人文教育，把实践育人贯穿于人才培养的全过程，培养学生的实践能力和创新精神，提升个人人文素质和科学素质，达到完全与社会实际需要相符合的目的。高校在校园文化建设中要建立一种新的激励机制，带动学生积极展开创新创业活动，并给予大力支持，全面推进实践教育。

（二）树立"以生为本"的教学理念

"以生为本"就是在教育教学中要体现出对学生主体地位的充分理解和尊重，对学生潜能的充分诱导和挖掘，对学生人格的充分培养和塑造，把学生的个人意愿、社会的人才需求、学校的积极引导有机结合起来，使学生在知识、

能力、思想道德、身心健康等各方面得到均衡、全面的发展，从而促进学生成长成才。这一教学理念要充分贯彻体现到高校的所有教学环节中。在教学模式上，各高校要对原有的缺乏弹性的、学生被动接受的没有选择余地的教学模式进行创新，实施弹性教学计划，建立学分制、主辅修制，让学生有一定的选择权和支配权，可以自由支配属于自己的时间和空间，致力于学生创新能力和实践能力的培养。各高校在教学目的上，要"一切为了学生，为了学生的一切，为了一切学生"。各高校在教学方法上，要大力提倡"以学生为主体、教师为主导"的互动式教学方法，鼓励进行问题式、案例式、讨论式、情境式教学法，开展"启发、互动、探究式"的课堂教学实践，采取一系列措施，使教师由传统式知识传授型教学向现代式研究性教学转变，引导学生由被动接受型学习向研究型学习转变。在教学组织的具体实施方面，各高校应采取灵活多样的教学组织形式，而对目前过于刻板的传统教学方式进行创新，充分发挥学生的个性，激发和引导学生，使学生经过探索研究学会自主学习，使教学方式以传授知识向培养学生认知能力和全面素质转变。

各高校还要转变以教师、课堂、书本为中心的教学局面，进行师生互动，展开专题讨论，鼓励学生自主探索与合作的学习方式，培养学生的探索精神与批判性思维；重视教学的创新性和学生个体间的差别指导，让学生在与教师的朝夕相处中耳濡目染，接受熏陶；以学生亲自动手实践为主，采取提供实践平台、鼓励学生积极参与科学研究实践课程创新的手段，增强教学活力，培养学生获取新知识、分析和解决问题、交流与合作的能力。

（三）因材施教

因材施教就是根据不同学生的个性特点来进行不同的教育活动，通过对差异性的辨析制订定出适合其特点的教学计划。教育公平的实质不是使每一个学生都要获得同样的教育，而是使每个学生都获得"适合"自身的教育，这就是教育公平的"适合性"原则。

（四）构建高等教育教学质量保证体系

高等教育教学的质量直接影响人的全面发展，从而最终影响经济社会的发展，我们要依据相应的政策法规建立高等教育教学质量保证体系，规范学科专业建设，避免重复建设和教育资源浪费，构建独立的具有权威性的高等教育教学质量评估机构，加强对高等教育教学质量的监督，完善高等教育教学评估政策，充分发挥社会的监督作用，对高等教育教学质量进行监督。

总而言之，追求高等教育教学公平是促进高等教育公平的核心所在，也是促进高等教育创新发展的不懈动力，我们必须坚持科学发展观，继续深化高等教育教学创新，优化高等教育结构，不断提高高等教育教学质量，实现人的全面发展，最终促进高等教育公平的实现。

二、办学特色

（一）办学特色的内涵

教育部在《普通高等教育本科教学工作水平评估方案》中明确了办学特色的定义以及内涵，"办学特色是指在长期办学过程中积淀形成的，本校特有的，优于其他学校的独特创新风貌。办学特色应当对于优化人才培养过程，提高教学质量作用大，效果显著。办学特色有一定稳定性并在社会上有一定影响、得到公认。办学特色可体现在不同方面：如治学方略、办学观念、办学思路，科学先进的教学管理制度、运行机制，教育模式、人才特点，课程体系、教学方法以及解决教改中的重点问题等方面。"高校办学特色就是一所大学在长期办学过程中形成的本校特有的和已经被社会认可的、在某些学科领域方面优于其他学校的独特创新风貌和具有可持续的发展方式，具有稳定性、认同性、创新性、独特性、标志性。高校办学特色的内容主要包括学科特色、科研特色、人才培养特色、校园文化特色。

教育部在《关于进一步加强高等教育本科教学工作的若干意见》中提出，要培养数以千万计德智体美全面发展的高素质专门人才和一大批拔尖创新人才，突出提高人才培养质量的地位。办学特色是高校质量的生命线。高校应以追求特色、打造优势为目标，促进办学水平的整体提升，使高校的办学特色更加显著，从而提高高等教育的质量。

（二）办学特色的形成

第一，教育教学创新，培育办学特色。一所有特色的高校必定拥有自己独特的教育思想和教育教学理念，这种教育思想和教育教学理念能够在特定时空环境下指导高校在办学过程中的办学思想和办学理念，并能适应时代和社会对教育和人才培养的要求，符合教育思想和教育教学的创新要求，符合教育创新发展和社会进步的一般规律，能够促进教育发展、人的全面发展及人才培养过程的优化。教育教学的创新必将带来教育思想的转变，先进的教育思想必将促进先进办学思想的实践，包括新的办学目标、办学模式的重新定位标准，以及如何实现这一标准所采用的方法、途径以及对此办学实践效果的综合评价。

第二，构建学科特色，促进办学特色。学科特色建设是促进高校形成办学特色的关键所在。学科建设作为高校培育人才、科学研究和服务社会三大职能的具体承担者，它的建设和发展水平程度对高校的人才培养、科学研究、专业建设和师资队伍等方面的质量有着重要影响，对高校形成办学特色有着强有力的支撑作用，并决定着学校的服务能力和水平及办学层次的提高。学科特色是高校办学特色中的标志性特色，是构成高等教育核心竞争力的主要组成部分。学科特色，一是指特色学科，指某一特定的学科特色；二是指学科结构体系特色，指由几个特色学科共同组成的学科特色。特色学科是学科特色发展的基础，学科结构体系特色是学科特色的扩展壮大，真正的特色学科具有不可替代性，是难以被模仿和复制的。高校在学科建设上不能盲目求"大"求"全"求"新"，要求"精"求"尖"，要因校制宜地构建优势学科，发挥优势学科附带的"品牌"效应，形成办学特色。美籍华人科学家田长霖教授曾经说过，世界上地位上升很快的学校，都是首先在一两个学科领域有所突破，而不可能在各个领域同时突破，达到世界一流。学校要全力支持最优势的学科，要有先有后，把优势学科变成全世界最好的，其他学科自然也会得到提升。所以，从某种意义上来讲，一所大学的学科优势所在，也就是这所大学的办学特色所在。

第三，发扬大学精神，形成办学特色。南京大学教授董健认为，大学之"大"，内涵应该是思想自由、学术自由；培养人，完善人，不断提升人格和道德；独立于政治权力之外，追求学术真理。"大学精神"就是在大学里做学问的心理状态和文化立场。大学精神是一所大学内所有成员在长期办学实践中共同创造、传承、逐步发展起来的被大学所有成员认同而形成的一种精神理念，它反映了一所大学的历史文化传统以及面貌状态，是大学的精神信念和意志品质的准确表达，是大学独特气质的精神形式和文明成果的表现，也是大学所有成员的精神支柱。高校的办学理念以及办学实践应该有利于大学精神的形成和发展，并使之形成一种教育特色，经久不衰。

三、推进师资队伍建设

各高校应逐步取消高校行政级别，精简高校管理机构，压缩行政费用开支，同时进行师资队伍建设，使教师真正在高校中处于主导地位。百年大计，教育为本；教育大计，教师为本。教师作为高校培养人才、传播知识的主体，是高等教育教学中的第一生产力。一所学校的办学理念、办学方针都需要依靠教师在教学过程中呈现出来，高校要依据自身的办学特色，造就一支具有足够知识储备、教学科研能力、创新意识和人格魅力的高素质教师队伍。各高校要把重点学科、特色学科带头人的培养作为学科建设的首要内容，加大对重点学科、特色学科带头人的引进力度，加快高层次创新人才培养，突出特色训练，形成明显的学科优势，促进学科发展，进一步提升在职教师的素质，提高高等教育的教学质量。

（一）优化高校师资队伍结构

高校师资队伍的结构内容主要包括教师的学历、职称、年龄等，它可以直观地反映出教师队伍的质量、能力和学术水平的基本情况。这些年来，虽然我国陆续实施了"高层次创造性人才工程""高校青年教师奖""骨干教师资助计划""硕士课程进修"等多项高级资质队伍建设工程，但高校教师队伍的总体结构还存在一些不合理因素。虽然现在的大多数高校都普遍抬高了门槛，高校教师必须具备研究生以上学历，但是各高校中高学历人才分布不均衡现象还是比较突出的。各高校教师的职称、年龄结构上，普遍存在缺少中青年学术骨干教师、拔尖人才等高层次人才。因此，我们要加大对骨干教师和优秀学科带头人的引进力度，强化高层次带头人队伍建设。对于高职称的学科、学术带头人、紧缺专业人才要给予一定的政策倾斜，根据学科发展的目标，有目的地吸引高层次人才，以确保高校师资队伍的职称结构比例合理；还要通过有效措施引进高学历人才，提高师资队伍的学历层次。加强本校优秀人才的培养，并吸纳来自不同地区和高校的人才，引进与培养相结合，推动人才与资源的有效整合，以利于各学科专业教师整体知识结构的优化，最终促进高校师资队伍结构的协调发展。

（二）提高高校教师综合素质

高校师资队伍建设是高等教育教学创新发展的基石，它直接关系着高校教学质量的提高与否。高等教育的快速发展对高校教师的教育教学思想、知识结构、教学方法等综合素质提出了更高层次的要求，要求教师具有熟练应用现代信息技术和现代教育手段的能力、教学与科研的创新能力、理论联系实际的能力、将知识服务于社会的能力以及良好的社会交往能力。要建设这样一支学术过硬、综合素质较高的教师队伍，我国的高等教育师资队伍建设任重而道远。提高高校师资队伍的综合素质要把师德建设放在首位。师德建设是师资队伍建设的基础，不断加强师德建设，是全面贯彻党的教育方针政策的根本保证，是培养德才兼备的高素质的社会主义建设者和接班人的必然要求。高校师资队伍建设要遵循"以人为本"的原则，牢固树立"师德兴则教育兴、教育兴则民族兴"的爱国主义教育教学，要求教师不断更新观念，用现代教育思想充实自我，完善自我，推进高校师资队伍建设，建设一支为人师表、作风优良、爱岗敬业、治学严谨、教学科研能力强的与时俱进的高素质教师队伍。

提高高校师资队伍的综合素质，要注重教师教学素质的培养。教学是培养人才的直接途径，也是高校的主要工作。教师是教学的实施主体，培养教师的教学科研能力是提高教师教学水平的主要途径。各高校要改变过去只注重学历的提高而忽视教育教学能力培养的状况，既要注重教师专业学术水平的提高，也要重视教师教学水平的提高，要求教师掌握教育教学理论、教学方法以及教学规律，增强教师提高教育教学水平的积极性和自觉性，还要加强教师对科研工作的重视，为教师提供进行科研创新的条件，提高高校师资队伍的科研能力、学术水平和教师职业化水平，以"特色专业——精品课程"建设和聘任重点学科带头人为龙头，加强重点学科带头人、学术带头人、学术骨干队伍建设，在部分学科领域形成独具特色的人才群体，致力于学术大师和教学名师的培养，带动师资队伍整体水平的提高。

总之，我们要把高校师资队伍看作一个整体，通过多种方式培养高校师资队伍，提高教师的专业理论学术水平、教育教学能力、科学研究能力以及科学文化素养，充分发挥高校的教育教学功能、团队协作功能、科研开发功能及社会服务功能，为高校培养一支具有良好的职业道德、较强的教学科研能力和充满活力的高素质师资队伍，促进高等教育教学质量和水平的提高，促进师资队伍建设的良性循环，促进我国高等教育教学创新，为高等教育创新的跨越式发展奠定基础。

四、创新课程体系及教学内容

（一）课程体系创新

开展课程体系创新，首先要优化和调整学科专业课程结构，因材施教，分层次教学、分类别培养，同时进行主辅修、双学位、定向培养、中外合作办学等多样化的人才培养模式，在满足不同基础的学生的学习需求和发展需要的同时，促进人才培养质量的提升。在课程结构上，打破传统的单一课程结构类型，即分科课程、国家（或地方）课程、必修课程统一天下的局面，重新调整课程结构，优化课程体系。综合课程、必修课程和选修课程要各占一定比例，以"本科规格＋实践技能"为特征，重视学生的个别差异，坚持"四个结合"，即理论与实践、人文教育与专业课程教学、课内与课外、校内与校外相结合，构建合理的适合学生发展的课程体系，最终培养学生的文化素质与创新素质，提高学生的基本技能、通用技能、专业技能和综合技能。

各高校要在基础课程教学中构建综合基础教育体系，所有学科专业都进行国防教育、人文教育、自然科学基础、德育实践等基础知识培训。同时，各高校还要构建综合实践体系，搭建公共实践平台，包括专业实验、实习、设计，毕业设计（论文），德育实践，科技文化实践、创新实践等。另外，还要构建学生实践能力考核体系，对学生的综合实践能力进行考核。各高校还要进行"创新课程"研究，转变理论基础，将创新课程依据的理论基础由心理学扩展为社会学、经济学、文化学、政治学和生态学等更具包容性的学科领域。创新不仅包括首次创造，也包括对他人所创造出来的成果的重新认识、重新组合和设计应用。创新课程并不是以学科的方式向学生传授一整套如何创新的知识、方法和策略，也不是以学生获取学科知识为中心，而是以综合实践的方式为学生提供相对独立地、有计划地进行研究性学习、设计性学习、体验性学习、实践性学习、反思性学习和生活性学习的学习机会，让学生从现实社会生活中自主选择研究课题，并通过对开放性、社会性、综合性和实践性问题的探究，形成独特的学习方式，培养学生的创新精神、探究能力、开放性思维、社会实践能力和社会责任感。同时，创新课程也是一种创新性理念，指在一种课程开发与实施的过程中除了独立的综合实践课程之外，原有的所有课程科目在具体实践中都要设置一些必要的干扰性因素，并通过课程内容的复杂性、模糊性来增加课程的难度，以培养学生的探究能力。

（二）教学内容创新

教学内容创新指遵循"厚基础、宽口径、强能力、重质量"的复合型人才培养原则，重新规划和设计教学内容与课程体系。各高校应改变过去只在专业学科范围内设置专业课、专业基础课、基础课的"三级"课程编排方式，构建专业必修、专业选修、学科必修、公共必修、公共选修五大课程体系，对教学内容与课程体系进行重新规划和设计，按照学科专业普遍大类平行设计学科专业类课程、新公共基础课程、文化素质教育课程和实践性教学课程等较大教学课程内容体系，增加选修课，减少必修课，对公共课进行分级分类教学。

▶▶ 1. 厚基础

厚基础就是使学生熟练地掌握各个学科专业的基础理论、基础知识、基本技能，并能扎实地运用到实践中去，确保学生的知识基础，强化学生基础知识体系，打造精品课程。各高校应进一步加强学生基础理论、基础知识、基本技能和基本方法的学习与实践，进行优秀主干课程建设和基地品牌课程建设，重点建设基础较好、适应面广的学科专业基础课、主干课和专业课，使之达到国家精品课程建设标准。

▶▶ 2. 宽口径

宽口径就是拓宽学生的专业知识面，把专业设置从对口性向适应性改变，实行宽口径的专业教育，以提高学生的综合素质，为社会提供高素质人才。在课程体系建设上，各高校应优化课程整体结构，拓宽专业课程交叉培养，提高知识质量，加强大学生文化素质教育，增加弹性教学，改变传统的教学计划。如在"公共必修"课程之上可以设置"学科必修"课程，按照分类搭建课程平台，注重文理交叉，在课程体系中设置跨专业课程，强化专业渗透，为学生的宽口径发展搭建学科基础平台，优化学生知识结构，让学生根据自己的专业特长、兴趣爱好和发展趋向自由选择，进一步拓宽专业口径，培养大学生综合素质。

▶▶ 3. 强能力、重质量

强能力、重质量就是从培养学生全面发展、提高学生综合素质出发，以分析、模拟、影视教学等基本形式展开实践教学，加强课堂内外的实践教学环节，并通过组织社会实践、社团活动、专业实习等实践活动培养学生的务实能力、操作能力，注重学生的人格塑造，充分挖掘学生的潜能，注重培养学生"从一般到个别"的解决能力，着重训练学生"从个别到一般"的调查分析能力，帮助学生养成可行性分析的良好思维习惯，使培养出的学生具备强能力、高质量。

（三）注重实践教学

各高校应对学生进行实践教育，并从多个方面采取有效措施，确保学生专业实践和毕业实习的时间和质量，把教育教学与社会实践紧密结合起来。开展实践教学，要求学校通过开拓各种有效途径为学生搭建实践平台，建立一批相对稳固的课内外学生实习和实践基地，并积极组织学生进行社会实践、调研、实习等活动，逐步培养大学生的敬业精神，培养他们艰苦奋斗的精神和坚韧不拔的意志，有计划、有目的地推动大学生自觉自愿地加强职业道德素养。逐步培养大学生的实践创新能力，积极支持大学生创新创业活动，发掘和培养大学生的创新素质。创新素质主要包括创新意识、创新精神、创新能力。在一个创新型国家的建设进程中，这种全新的创新素质正逐渐成为大学生在就业市场竞争中的核心竞争力。

五、教学模式和方法创新

（一）教学模式创新

人才的培养是一个复杂的系统工程。各高校必须不断探索其内在的规律，创新教学模式，认真细致地研究教学，研究其内在的多重因素，如教学理念、教学内容、教学方法、教学模式等，从而掌握教学的规律。因此，我们提出了"教学民主"的教学观念，对传统教学模式进行创新，开创研究性教学、开放性教学和互动性教学等一些能够体现"教学民主"的经典教学模式，充分突出学生的主体地位，激发学生的主动参与意识，开发学生的学习潜能，创设民主、和谐的学习氛围，使学生学会学习，在教学中建立一种和谐的师生关系，充分调动学生学习的自发性和积极性，使学生和谐全面地发展。

▶▶▶ 1. 推广研究性教学，培养学生的创新意识

随着教学从知识传递向注重能力培养的转变，必然要求教学方式方法的变革，推进研究性教学正是深化教学创新的重要路径，也是研究型大学人才培养的一个基本特征。研究性教学是一种将教师自身的研究思想、方法和最新成果引入教学过程的教学模式。这一模式通过研究性教学，使教学建立在科研基础

上，以科研促进教学的提高，教学与科研互动并向学生开放，从而引导学生在参与教学过程中，激发主动思考、主动探索、主动实践的创新意识。

研究性学习的过程是情感活动的过程，通过让学生自发地参与探究性学习活动，获得亲身体验，逐步形成一种在日常生活和学习中勇于探索、努力求知的良好习惯，从而激发探索和创新的积极欲望。

研究性学习的过程是一个探索的过程，在一个相对开放的环境中寻找问题和探讨解决问题的过程。这一过程可以培养学生的思维能力，培养学生发掘和解决问题的能力，对学生掌握一定的科学学习方法，增强学生对资料的收集能力、分析能力、总结能力，以及学会利用多种有效手段、多种途径获取信息都有积极的推动作用。

研究性学习的过程是一个互动的学习过程。这个互动的学习过程离不开学生与团体、学生与学生之间的沟通与合作。研究性学习为学生提供了一个人际沟通与合作的良好空间，为学生分享研究资料、学习信息、创意和研究成果以及发扬团队精神提供了一个良好的交流平台，培养了学生学会合作、发现问题、克服困难、共同解决问题的能力。研究性学习的过程也是一个实践的过程。它要求学生从实际出发、实事求是，尊重他人研究成果，严谨治学，积极进取。

研究性学习的过程还是一个培养学生全面素质提高的过程。它通过学习实践加深了学生对科学的认知以及科学对自然、社会的积极意义与价值，使学生开始思考国家、社会、人类与世界共同进步、和谐发展的伟大命题，在培养学生的创造能力和实践能力的同时，还培养学生形成积极的人生观、价值观。

研究性学习过程也为学生提供了综合运用各门学科知识的机会，加深了学生对所学知识的重新记忆，加强了学生知识的生活化，培养了学生的积极参与能力以及自主创新能力。

▶▶ 2. 开创互动性教学，提高教学质量

互动性教学就是在教学过程中充分发挥师生双方的主动性，师生之间相互

交流、相互探讨，促进师生共同发展，最终优化教学效果，共同完成教学目标的一种教学模式。互动性教学可以活跃课堂气氛，能够及时反馈学生的学习进度以及掌握知识的规律。互动性教学包括教与学的互动、教学理念的互动、心理的互动以及形象和情绪的互动等。互动性教学是一种富有生命力的创造性教学，有着现代性、互动性和启发性的特点，它不同于传统的以教师为主的灌注式教学，也不同于放任学生自由学习的"放羊"式教学，它要求教师按教学计划组织学生系统地有目的地学习，并要求教师按学生的发展要求有针对性地因材施教，促进教师努力探索、学习，不断提高自己的专业水准和教学水平，同时激发学生学习的积极性，促进学生个性的发展，提高教学效果和效率，最终提高教学质量。互动性教学以学生为主体，以教师为主导，提倡师生平等地沟通、交流，让学生在没有压力的情况下轻松自由地学习，让学生参与教学计划、教学决策，有利于培养学生自觉学习和主动学习的能力以及创新学习的能力。

（二）教学方法创新

进行高等教育教学创新要注重教育思想理念的更新，要符合社会经济发展的需要，要吸取国内外教育专家的理论和经验，要坚持理论联系实践。高校教师要树立大教学观，积极推进实践性教学，处理好知识教学与技能培训之间的关系，把练习、见习、实习、参观、调查等环节全部纳入教学范畴，使学生在实践中学会学习、掌握知识，在实践中培养解决问题的能力。

▶▶ 1. 启发式教学法

启发式教学法就是根据高等教育教学的目的、内容、学生的学习进度、知识规律和现有知识水平，采取各种教学手段，对学生通过启发、诱导的方式进行知识传授、能力培养，促进学生主动学习的一种教学方法。启发式教学法是以教师为主导、学生为主体的一种科学、民主的教学方式，它能激发学生的学习主动性和积极性，激起学生的求知欲和探索欲，让学生开动脑筋、积极思考、大胆质疑、主动实践，并在教师的引导下带着问题进行学习研究，找出解决问题的办法，以达到掌握知识的目的。启发式教学法不只是一种简单意义上的教学方法，更是一种教学理念。为了激发学生的求知欲，提高学生的学习兴趣和探索的欲望，以及培养学生的创新思维，高校教师应当遵循大学生的认知心理规律，充分考虑大学生思维的特性，采用启发式、研究式的教学方法训练大学生的思维，从感知和直观开始，不断引出问题，结合大学生的思维特点，循序渐进，启发并改进学生的思维方式、学习方法，让大学生在不断探索研究的过程中学习，增长知识，训练思维，由被动学习转变为主动学习，最大限度地开发大学生的学习潜力。

➤➤ 2. 实践式教学法

实践式教学法就是以边讲边练的方式在实践中讲授理论课，通过理论与实践相互结合的方式促进师生共同完成教学任务的教学方法。在教学过程中，高校教师要着重培养大学生的学习能力，培养大学生获得知识和运用知识的能力，把教师的讲授、辅导过程和大学生的自学过程结合起来，把科学研究引入教学过程，培养大学生的研究能力和创新意识；指导大学生积极参加社会实践，进行社会调查与研究，在实践中学习知识；鼓励大学生进行探索创新。教师讲授时要重视知识的集约化、结构化，让大学生重点掌握学科的基本知识、基本结构与基本方法，并运用现代化科学技术逐步提高教学手段，提高教学的效率，改进考试方法与教学评价制度，调动教师的教学积极性和创造性，促进大学生主动学习。在进行教学计划的过程中，高校教师作为大学生学习过程的组织者与协调人，要精心创设情境，根据预定学习任务来制定教学内容，制定一些来源于实践活动的综合性学习任务，然后引导大学生独立确定目标，让大学生从一开始就参与到教学过程中，制订学习计划并逐步实施和评价整个过程，形成实践与学习相结合的教学方式。在整个实践教学过程中，教师可以采用讨论式教学法，以及案例教学、项目教学等多种教学方式，激发大学生的兴趣，培养大学生独立思考的能力以及解决实际问题的能力，培养大学生的科学精神、创新意识和独立人格。

不管采用何种教学方法，传授知识、培养能力、提高素质这三者在高等教育创新中都是有机的统一体，也是高等教育教学创新的最终目的，我们要通过教学方法的创新把这三者有机地贯彻到高等教育教学过程中去。我们要树立新的高等教育教学思想：教师要在充分发挥指导作用的同时，抽出足够的时间和精力致力于科学研究，学生能够自由独立地学习、思考以及探索所要掌握的知识（理论和实践），做到教学相长，教法与学法相互联系，共同促进教学效果和教学质量的提高。

总之，在高等教育教学创新中，各高校要针对大学生的实际情况并结合以上教学方法，才能提高大学生的综合素质，进一步提高大学生学习的积极性，培养具有一定理论知识和较强实践能力的实用型人才，使其更好地服务于社会。21 世纪是全球化的时代，是知识经济的时代，我们要建设高水平高质量的大学，必须树立现代教育教学，坚持以生为本，推动大学教学培养模式、教学内容、教学方法的创新，才能更好地适应高等教育发展的需要，为科教兴国、依法治国服务。

六、重视大学生文化素质教育

大学生文化素质教育是大学高质量人才培养的重要组成部分，是我国高等教育教学创新的重要方面。各高校要将文化素质教育贯穿于大学教育的全过程，进而实现教育的整体优化，最终达到教书育人的目的。大学生的基本素质包括文化素质（含思想道德素质）、专业素质和身体身心素质，其中文化素质是基础。文化是人们所创造出来的物质和精神的成果，是人的活动的对象化、物化，是人观念存在的形式，是超越个人的实物形态或观念形态。一种文化一旦被创造出来，就不再受时间、空间、个人的限制，会被广泛地传播和使用。文化素质就是人们所拥有的所有文化知识在内在的积淀，文化素质对于人们的人生观、价值观的形成具有基础性的决定作用，并最终成为行为的指导规范。同样，人们已有的人生观、价值观也会反作用于文化素质。提高大学生素质教育，主要是指文化素质教育及创新精神、实践能力的培养。文化素质教育重点指人文素质教育，主要是通过对大学生加强文学、历史、哲学、艺术等人文社会科学、自然科学方面的教育，以提高全体大学生的文化品位、审美情趣、人文素养和科学素质。

（一）提高大学生文化素质教育的目的和意义

教育在我国发展中具有举足轻重的地位。在发展过程中，国家需要主体——人，有知识、有文化、有创造力的人，进行社会发展和变革，因此，发展又被归结为人的发展。高等教育主要是培育有知识、有文化的创新型人才，高等教育能够产生新的科学知识、新的生产力。高等教育的三大职能之一是发展科学，高等教育在传输知识、培养人才的同时，也创造着新的科学理论。高等教育所培养的不同专业、不同层次的各种文化素质人才在社会生活各领域的作用，将直接、间接地影响全社会的可持续发展。可持续发展的教育观念即从全社会可持续发展的角度来审视教育的创新与发展。

（二）观念变化对大学生文化素质的影响

在经济全球化的今天，经济的迅速发展、物质的极大丰富也在刺激着大学校园，大学生作为最敏感的社会群体之一，其价值观也随之不断变化。当前，经济发展、文化思潮、教育创新与媒体导向等是影响大学生价值观变化的主要因素。

文化观是一个人对待文化的态度。我们要树立正确的文化观，不狂妄自大，不妄自菲薄，合理对待外来文化，不一概排斥，但也绝不崇洋媚外。我们生活在一个急剧变革的时代。经济的迅速发展在短期内大大膨胀了人们的物质需要，而在物质需要达到一定的满足时，精神需求方面的问题就会浮现出来。面对这个由经济的躁动带来的五彩缤纷的世界，西方文化盛行，传统文化的优势在减弱，大学生的文化观也在发生着巨大的变化。我们只有对传统文化、西方文化采取合理扬弃的态度，才能形成具有中国特色的社会主义新文化。

（三）提高大学生文化素质的途径

提高大学生文化素质教育，必须将文化素质教育贯穿于大学教育的全过程，使培养出的大学生具备人文科学素质、自然科学素质，具有较强的综合能力，如观察分析能力，研究思考能力，语言、文字表达能力，决策能力，组织能力，处理复杂关系的能力，以及应用计算机和现代信息技术进行学习、工作和生活的能力，从而实现教育过程的整体优化，最终达到教书育人的目的。提高大学生文化素质，必须从以下几个方面做起。

第一，要提高大学生文化素质教育，各高等院校必须转变教育观念，必须进一步加大教育教学创新力度，建立科学的课程体系，创新教学内容和教学方法。首先，各高校应转变教育思想和更新教育观念。从目前情况看，我国高等教育继承和保留了科学、严谨、系统化等优良传统，但重理论轻应用、重传授轻能力和缺乏素质培养的现象仍很严重，尤其是大学生创新能力的培养和个性的发展长期没有得到应有的重视和真正的落实。因此，我们要转变教育思想，更新教育观念，在教育过程中注重对大学生创新能力的培养，开发大学生的潜力，让大学生在受教育过程中享受到创新的乐趣，积极进取，把大学生培养成为全面发展的人。其次，各高校应构建科学的课程体系，进行教学内容和课程体系创新，充分发挥课堂教学的导向作用。文化素质不能纯粹以自然的方式在现实生活中靠个体的感悟和体验来获得或提高，而需要精心设计和安排，以科学而系统的课程体系为支撑，通过发挥课堂教学的主导作用，来实现大学生文化素质教育的目的。总的来说，各高校要全面提高大学生的科学素质与人文素养，在具体教学过程中，应强调人文与科学的自然渗透与融合，必须用包括文、史、哲、自然科学等多学科门类的知识内容来构建多学科交叉的高校课程体系，为培养大学生科学素质和人文素养提供广博而深厚的文化底蕴。同时，强调课程体系的科学性，使大学生通过各种必修课和选修课的学习，形成合理的知识结构和深厚的知识基础。

第二，要提高大学生文化素质教育，各高等院校必须提高教师队伍质量，全面提高教师的科学素质和人文素质。提高大学生文化素质教育，必须打造一支素质过硬的高校师资队伍，以创新人才培养模式，把知识、能力和素质三者有机地结合起来，贯穿于大学教育的全过程，使大学生在这三个方面获得和谐的、同步的提高，才能造就出高素质的全面发展的人才。要培养大学生拥有良好的文化素质修养，不仅是为其传授和灌输文化知识，还要教给他们获取知识的方法和技能，在获取知识的同时，让他们的能力得到充分发挥，个人素质得到充分提高，这才是教育创新的最终目的，也是教育的真正目的。除此之外，全社会应积极配合，媒介充分发挥积极正面的舆论导向作用，只有这样，培养出的大学生才是全面发展的人，才会成为有益于社会、有益于人类的有价值的新型知识人才，才能持续推动教育创新，推进整个社会的可持续发展。

七、实现人力资源强国战略

实施人力资源强国战略，关键在于建设高等教育强国，实现高等教育人口大国向高等教育人力资源强国的跨越发展。我国必须在全面建设经济型社会的同时全面建设学习型社会，强化高等教育人力资本投资，使我国高等教育人力资源的结构更加合理，总量更加充足，质量更加提高，体系更加完善，最终带动全体人民的学习能力和就业能力的发展，提高人民的整体素质和综合能力，使我国从教育人口大国迈向人力资源强国。

第四节 高等教育教学文化创新

一、高等教育学术与教学关系

高等教育发展到今天，已然形成高等人才培养、科学研究、社会服务三大基本社会功能。但这种功能格局是不断演进的，直到近半个世纪前才在美国基本定型并逐步向世界其他国家延伸。高等教育教学活动从来就与学术探究活动密不可分，即使现在大学功能得到分化，也不能剥离教学活动的学术特性。具体来说，教学与学术探究有三重联系。

其一，高等教育教学活动总体上与基础教育教学活动重在"传播知识"不同，从教学目标出发，要注重培养学生的探究和创新能力，不仅让大学生"知其然"，而且必须让大学生"知其所以然"。前者是沿袭基础教育方式，在一般教育学、教学论指导下的"知识本位"教学观，后者则是从高等教育自身特点和规律出发的"能力本位"教学观。前者是高等教育教学的痼疾，后者是需要改进和努力的方向。

其二，高等教育教学活动要培养大学生的创新思维、批判精神等内在素质，这种思想素质不是"传播—接受"模式可以实现的，纯粹的"传播式"教学无法实现这个目的，必须在有关学术探究活动体验中让学生逐步"养成"。教学活动与学术探究活动有机结合，有利于培养学生的学术精神。

其三，高等教育教学活动自身的教学内容和方法途径必须具有探究性。教学所需的知识信息要及时更新并按照教学传播实际需要对知识进行再加工，以适应教学对象，而不是某个已有知识的"原生态"。高等教育教学活动中对教学内容的选择还有一个"未定型"知识的纳入问题，长期以来，对教学内容的选择基本是"定型"知识，所以大学生在教学活动中几乎不用涉及对未知的探索。另外，其方法手段也要随技术发展不断改进。

二、高等教育学术文化的核心是创新

整个高等教育文化的重要标志就是以创新为轴心的学术文化，高等教育文化的界定，就是探究的学术文化、整合的学术文化、运用知识的学术文化和传播知识的学术文化。创新，无不植根其中。即使是按照大学功能划分，创新也蕴含在每项功能的发挥过程之中。科学研究需要以创新为武器，人才培养和社会服务同样需要以创新为先导。高等教育的社会服务功能其实是从转化高等教育科研成果，求解社会的生产、技术、管理等领域的问题起步的，这实际上与科研工作一脉相承，也可以说它是科研工作的延续或场所转移。因此，运用知识也需要创新。

在人才培养，尤其是作为人才培养核心环节的教学活动，创新元素一直存在，而且非常普遍，其意义不亚于现代网络课堂技术。所以，创新是高等教育学术文化的核心，而从起源上说，创新更是高等教育人才培养活动的核心。因此，教学具有以创新为特质的高等教育学术文化属性。

三、重视高等教育教学学术文化

高等教育教学活动是占绝对主体地位的高等教育活动。教学的文化生态样式决定了教学的价值走向。从创新元素的有无来评判，当今的高等教育教学文化生态缺失了"学术性"，也就缺失了"创新"这个灵魂，演化成一种急功近利甚或颓废的"应景文化"。大学生参与教学活动是应付老师的某些机械化要求，教师参与教学活动是为了完成学校规定的工作量以便获得报酬，消极应付是其共同特点。高等教育里的另外两种文化活动，学生的文体活动、社团活动、社会活动等和教师的科研活动、研发活动、社会兼职与服务活动等，其积极的、忘我的甚至疯狂的价值体现与教学文化完全不同。

以创新重振高等教育教学学术文化是推进高等教育教学方法创新的必要举措。教学方法创新不是凭空捏造新式工具，而在于构建一个适当的环境氛围。富有创新内核的高等教育教学学术文化既是曾经的教学生态样式，又是现在需要大力恢复和重建的教学生态。追溯教学文化传统样式的失衡，很可能是高等教育科研、社会服务两大后发功能的冲击。现在重振高等教育教学学术文化不是要削弱这两大功能或淡化这两大功能中的创新元素，而是要强化三者之间共同核心的渗透与通融，尤其是现代研究型大学的强大科研功能和大批应用型大学的社会服务功能，可以为教学活动注入无限的创新基因。

四、重视高等教育教学管理文化

通过对一系列管理制度分析，无论是主要针对学生的教学管理还是主要针对教师的教学管理，基本上可以归并于三种属性：机械管理、规范管理、科学管理。这三种不同层次的教学管理，是现代以来高等教育教学管理文化的基本进化路径，但在不同国家和地区，不同高等教育有先后时间差别。机械管理曾经是作为"科学化"的代名词，取代了千百年一直沿袭下来的"自由教学"，这对教学规模的扩大，尤其是开始组织班级教学具有重要的贡献和意义。规范管理并非新生物，而是机械管理的改进升级，无论就教学对象还是就教学方法而言，机械管理和规范管理都是扼杀创新，忽略个体差异性的。在教学方法创新上，两者形成阻抗，越是强调规范，创新越难以实现；越是创新的教学方法，越是打破规范的约束。科学管理注意到了各种特殊性的存在，在方法上具有一定伸缩性，与教学方法创新可以相容。所谓科学，就是要尊重规律。尊重教学方法的规律进行教学管理可以发挥教学方法的创新作用。

重视高等教育教学管理文化，就应该走科学管理的道路，更加注重教学学术文化特性，使教学管理更趋于学术管理，尽管现在的高等教育学术管理也存在一定的"不科学"现象，不能管得过死、过于规范，从而违背高等教育教学的学术精神。仅从教学方法及其创新角度来看，自由是创新的根本源泉，无论是现代意义的科学研究还是教学创新，管理过于机械、规范的，自由度就越小，产生创新成果的概率就越小。因此，我们呼吁教学自由。教学自由又必须从教学管理的变革开始，使教学管理富有自由创新的色彩，在适度控制前提下实现教学自由，尤其是教学方法的自由。

参考文献

[1] 刘进华. 高等教育管理与创新实践研究 [M]. 长春：吉林教育出版社，2020.

[2] 辛欣. 现代高等教育的现状及创新策略研究 [M]. 长春：吉林教育出版社，2020.

[3] 李梦楠. 高等教育管理体制与教学研究 [M]. 长春：吉林大学出版社，2020.

[4] 张朝敏. 高等教育管理与教学实践研究 [M]. 长春：吉林美术出版社，2020.

[5] 王志玲. 高等教育质量标准体系评价与创新路径研究 [M]. 北京：中国农业科学技术出版社，2020.

[6] 张国平，岳炳红，巴磊. 管理学 [M]. 北京：北京交通大学出版社，2018.

[7] 王晴，杨鹏聪. 高等院校信息化建设与学生思政教育管理思考 [M]. 长春：吉林大学出版社，2018.

[8] 程静静. 普通高等教育会展经济与管理专业"十三五"应用型规划教材 活动礼仪实务 [M]. 北京：中国旅游出版社，2018.

[9] 艾晓玉. 中国旅游业普通高等教育"十三五"应用型规划教材 传统文化与现代管理 [M]. 北京：中国旅游出版社，2018.

[10] 曾国军. 中国旅游业普通高等教育"十三五"精品教材 收益管理与定价战略 [M]. 北京：中国旅游出版社，2018.

[11] 王宝堂. 当代高等教育管理与实践路径研究 [M]. 青岛：中国海洋大学出版社，2018.

[12] 刘振海，谢德胜. 终身教育视域下我国高等教育管理体制研究 [M]. 沈阳：辽宁教育出版社，2018.